风险投资中的人力资本价值

张 琳 著

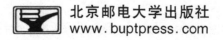
北京邮电大学出版社
www.buptpress.com

图书在版编目（CIP）数据

风险投资中的人力资本价值/张琳著． -- 北京：北京邮电大学出版社，2022.6（2024.9重印）
ISBN 978-7-5635-6645-7

Ⅰ．①风… Ⅱ．①张… Ⅲ．①风险投资—研究—中国②人力资本—价值—研究—中国 Ⅳ．①F832.48②F249.21

中国版本图书馆 CIP 数据核字(2022)第 079847 号

策划编辑：彭 楠　　责任编辑：王晓丹 米文秋　　封面设计：七星博纳

出版发行：	北京邮电大学出版社
社　　址：	北京市海淀区西土城路 10 号
邮政编码：	100876
发 行 部：	电话：010-62282185　传真：010-62283578
E-mail：	publish@bupt.edu.cn
经　　销：	各地新华书店
印　　刷：	河北虎彩印刷有限公司
开　　本：	720 mm×1 000 mm　1/16
印　　张：	10.75
字　　数：	183 千字
版　　次：	2022 年 6 月第 1 版
印　　次：	2024 年 9 月第 2 次印刷

ISBN 978-7-5635-6645-7　　　　　　　　　　　　定价：56.00 元

・如有印装质量问题，请与北京邮电大学出版社发行部联系・

前　　言

作为财务资金流向高科技新创企业的桥梁，风险投资（VC）对带动经济发展起到了"引擎"作用。在世界范围内，风险投资的主导者大多以风险投资机构或风险投资基金的形式存在，究其根本，风险投资是一项由风险投资家执行的技术性工作。已有研究表明，风险投资家人力资本对风险投资回报率的解释能力远高于风险投资的组织形式。基于此，本书分别从风险投资家职业背景、风险投资家政治背景和风险投资家海外背景三个视角，对比研究风险投资家异质性对投资绩效[①]的影响，并探究其背后机理。

借助于风险投资项目、风险投资家个人、被投资企业的样本和数据，本书发现风险投资家异质性对风险投资绩效具有显著的影响，具体包括以下三个方面。

第一，基于社会网络视角，本书发现金融背景风险投资家的投资业绩优于实业背景风险投资家的投资业绩，表现为所投项目有更高的首次公开发行（IPO）退出率。究其背后机理，发现金融背景风险投资家能够借助于其在金融领域的社会网络和声誉资源更好地支持被投资企业，例如，有助于被投资企业更快获得下一轮VC融资，并且在IPO过程中能帮助企业雇佣更好的承销商。相对于实业背景风险投资家的创业网络，金融背景风险投资家的金融网络范围更广，源自金融行业本身较强的跨区域、跨行业特点。因此，金融背景风险投资家比实业背景风险投资家表现出更激进的投资风格，本地偏好程度更低。在

---

① 本书中的投资"绩效"指对风险投资项目或风险投资家投资成效的全面评价，包括IPO率、回报率、被投资企业融资情况、IPO抑价率等。正文中的投资"业绩"仅涉及IPO率、回报率等与风险投资财务业绩直接相关的指标。

网络深度方面，金融背景风险投资家也略占优势。借助于其在分析师领域、承销商领域的资源，金融背景风险投资家可以促使企业IPO前的信息快速传导至股票公开发行市场，降低投资者与企业间的信息不对称程度，从而使被投资企业在IPO过程中获得的估值更高，抑价率更低。

第二，基于政治关联视角，本书发现政治背景风险投资家的投资业绩好于一般风险投资家的投资业绩。但这一结论仅在以"其是否具备政府机关工作经历"为标准时成立，具备事业单位工作经历的风险投资家的投资业绩与一般风险投资家的投资业绩之间无显著差异。其内在机制主要体现为，相较于一般风险投资家，政治背景风险投资家拥有更多与政府的联系，相对于其他资源，这种资源较为稀缺。一方面，政治背景风险投资家凭借政治资源，能够为企业引入更多的外部融资机会，帮助企业在IPO前期雇佣声誉更高的承销商；另一方面，出于对自身利益的保护，政治背景风险投资家比一般风险投资家更希望通过担任董监事的途径掌握更多企业控制权，以达到资源贡献和收益获取的平衡。此外，政治背景风险投资家可以在IPO市场发挥更多认证作用，使企业IPO抑价率更低。同时，政治背景风险投资家在投资策略中表现出更激进和本地偏好更强的投资倾向。

第三，基于人力资本视角，本书发现风险投资家的海外背景会影响其投资业绩，具体表现为：海外背景风险投资家的投资回报率和IPO退出率显著差于本土背景风险投资家；相较于学习经历，工作经历对风险投资家业绩的影响程度更大。进一步研究发现，海外背景风险投资家的投资策略更加谨慎，同时表现出更低的董事会参与度。此外，我们发现海外背景风险投资家更差的业绩表现与其对企业投资后的治理密不可分，并且文化差异是导致其投资业绩较差的部分原因，海外背景风险投资家更倾向于促成企业在海外上市。

在研究风险投资家异质性对投资业绩影响的过程中，不可避免地涉及了内生性问题。为了进一步分辨风险投资家对投资业绩的影响来源于其对企业的"扶持"还是"挑选"，本书各部分通过倾向得分匹配法来控制风险投资家对创业企业的选择偏差，通过工具变量法消除不可观测变量对投资业绩带来的影响，最终证实以上结论。

本书的研究有助于修正补充关于中国风险投资已有的研究结论，其理论意义主要表现在以下方面。

一是解答"什么样的风险投资家更为成功"。虽有学者指出，相对于风险投资机构，风险投资家对投资业绩的解释能力更强，但关于风险投资家异质性的研究还寥寥无几。为了填补这一空白，本书借助于风险投资项目、风险投资家个人、被投资企业的样本和数据，分别从风险投资家职业背景、风险投资家政治背景和风险投资家海外背景三个方面，对比研究风险投资家异质性对投资业绩的影响。

二是解答"风险投资作用于被投资企业的根源是什么"。风险投资家通过提供增值服务，加快企业成长，实现资本的成功退出，进而获得巨额投资回报。从表面来看，很多企业在风险投资之后确实呈现快速成长之势，但是企业价值增值的来源是什么？已有研究将关注点放在风险投资背景或资金背景上，例如：企业背景风险投资机构在扶植企业提高创新能力上作用更明显；银行背景风险投资机构在帮助企业进行外部融资方面具有天然优势。这些研究力求通过可直接观测到的显性资源解释VC对企业的价值，而本书立足于个人，关注风险投资家的行为偏好和个人经历，试图通过难以直接观测到的隐性资源解释VC对企业的作用。

本书的贡献主要体现在以下方面。

一是基于社会网络、政治关联和人力资本三个视角，本书较为全面地刻画了风险投资家在中国的主要特征，将研究深入风险投资家层面。由于个人层面的数据较难得到，且整理起来需要耗费大量时间、人力，因此以往关于我国风险投资的研究大多停留在风险投资机构和风险投资基金两个层面，主要研究风险投资参与与否的差异、风险投资机构与其他中介机构的差异及不同类型风险投资之间的差异。风险投资是一项人力资本密集型投资，其业绩与风险投资家的个人能力和资源禀赋密切相关。已有研究尚未深入该层面，本书对其进行了补充。

二是通过社会网络、政治关联和人力资本三个方面，本书研究了风险投资家的不同背景对其投资绩效的影响，包括对被投资企业上市速度和上市机会的影响。以往关于风险投资的研究大多集中于对被投资企业IPO市场表现、IPO后股票长期收益率、创新和投融资行为的研究，而事实上，在我国IPO资源稀缺的情况下，企业能否尽快上市既关系到企业的生死存亡，又关系到风险资本能否顺利退出。IPO不仅是企业从弱小走向成熟的"里程碑"，也是检验风险投资家是否成功的"试金石"。因此，对企业能否IPO的研究是关于风险投资的学术研究中必不可少的一部分，本书从风险投资家异质性方面弥补了该领域的不足。

三是本书研究了不同职业背景、政治背景和海外背景的风险投资家投资特征的差异，揭示了风险投资家异质性对投资业绩的影响背后的机制。以实现投资回报率最大化为目标，每个风险投资家会根据自己的优劣势和以往的投资经验制定一套自己的投资准则，这些准则能够反映在具体的投资策略上。通过对其联合投资、多阶段投资、本地投资倾向等行为的研究，能够进一步了解不同背景风险投资家依靠社会网络、政治关联和人力资本作用于企业，使资本实现成功退出的机制和渠道。

目 录

第1章 绪论 ·· 1
- 1.1 三个风险投资家的故事 ································ 1
- 1.2 为什么要关注风险投资家? ····························· 4
- 1.3 本书的研究框架 ····································· 8
  - 1.3.1 研究内容 ····································· 8
  - 1.3.2 研究结构 ····································· 9
- 1.4 本书的研究方法 ···································· 11
- 1.5 主要问题及解决方案 ································ 11
- 1.6 贡献与创新 ·· 13

第2章 风险投资的国际实践与中国探索 ···················· 14
- 2.1 几个重要概念 ······································ 14
- 2.2 风险投资组织形式的演变 ····························· 16
- 2.3 风险投资的中国之路 ································ 21
- 2.4 当前风险投资在中国面临的问题 ······················· 22
- 本章小结 ·· 24

第3章 相关理论与文献综述 ······························ 26
- 3.1 理论基础 ·· 26

    3.1.1 资源基础理论 …………………………………………… 26
    3.1.2 资源依赖理论 …………………………………………… 27
    3.1.3 人力资本理论 …………………………………………… 28
    3.1.4 政治市场理论 …………………………………………… 29
    3.1.5 社会资本理论 …………………………………………… 30
  3.2 风险投资家的作用机制和渠道 ………………………………… 31
    3.2.1 回报激励机制 …………………………………………… 32
    3.2.2 认证作用 ………………………………………………… 33
    3.2.3 逐名效应 ………………………………………………… 34
    3.2.4 资金支持 ………………………………………………… 35
    3.2.5 监督治理 ………………………………………………… 36
    3.2.6 资源提供 ………………………………………………… 38
  3.3 风险投资家人力资本价值 ……………………………………… 40
    3.3.1 风险投资人力资本划分 ………………………………… 41
    3.3.2 风险投资家人力资本与投资策略 ……………………… 42
    3.3.3 人力资本在企业成长中的作用 ………………………… 44
    3.3.4 风险投资异质性与投资绩效 …………………………… 46
  3.4 本书关注的重点因素 …………………………………………… 48
    3.4.1 风险投资家的作用 ……………………………………… 48
    3.4.2 风险投资绩效评价 ……………………………………… 50
    3.4.3 风险投资家异质性 ……………………………………… 51
    3.4.4 风险投资主体关系模型 ………………………………… 52
  本章小结 ……………………………………………………………… 52

第4章 职业背景对投资绩效的影响：基于社会网络的视角 ………… 54
  4.1 理论机制与研究假设 …………………………………………… 55
  4.2 样本选择与描述性统计 ………………………………………… 59
    4.2.1 样本选择与数据来源 …………………………………… 59
    4.2.2 描述性统计 ……………………………………………… 60

4.3　计量模型构建 …………………………………………………… 61
　4.4　回归检验结果与分析 ……………………………………………… 62
　　4.4.1　金融背景与实业背景风险投资家业绩差异 ……………… 62
　　4.4.2　风险投资家职业背景与投资策略 ………………………… 69
　　4.4.3　风险投资家职业背景与企业融资 ………………………… 71
　　4.4.4　风险投资家职业背景与承销商声誉 ……………………… 73
　　4.4.5　风险投资家职业背景与IPO抑价率 ……………………… 75
　　4.4.6　稳健性检验 ………………………………………………… 76
　本章小结 ………………………………………………………………… 82

第5章　政治背景对投资绩效的影响：基于政治关联的视角 …………… 83
　5.1　理论机制与研究假设 ……………………………………………… 83
　5.2　样本选择与描述性统计 …………………………………………… 86
　　5.2.1　样本选择与数据来源 ……………………………………… 86
　　5.2.2　变量定义和描述性统计 …………………………………… 87
　5.3　回归检验结果与分析 ……………………………………………… 88
　　5.3.1　政治背景与风险投资家业绩差异 ………………………… 88
　　5.3.2　风险投资家政治背景与投资策略及企业监督治理 ……… 94
　　5.3.3　风险投资家政治背景与承销商声誉 ……………………… 98
　　5.3.4　风险投资家政治背景与企业IPO抑价率 ……………… 100
　　5.3.5　稳健性检验 ………………………………………………… 101
　本章小结 ………………………………………………………………… 105

第6章　海外背景对投资绩效的影响：基于人力资本的视角 …………… 106
　6.1　理论机制与研究假设 ……………………………………………… 107
　6.2　样本选择与描述性统计 …………………………………………… 110
　　6.2.1　样本选择与数据来源 ……………………………………… 110
　　6.2.2　变量定义和描述性统计 …………………………………… 110
　6.3　回归检验结果与分析 ……………………………………………… 112

6.3.1　海外背景与风险投资家业绩差异 …………………………………… 112

　6.3.2　风险投资家海外背景与投资策略 …………………………………… 119

　6.3.3　风险投资家业绩差异来源 …………………………………………… 122

　6.3.4　文化距离与风险投资家业绩 ………………………………………… 124

　6.3.5　稳健性检验 …………………………………………………………… 126

本章小结 ……………………………………………………………………… 129

第7章　启示、建议与展望 …………………………………………………… 131

7.1　研究结论 ………………………………………………………………… 131

7.2　提升中国风险投资家人力资本价值的路径 …………………………… 132

7.3　关于"双循环"背景下风险投资家支持中小企业高质量发展的问题 … 134

参考文献 …………………………………………………………………………… 136

附录1　变量定义 ………………………………………………………………… 157

附录2　中国与其他国家之间的文化距离 ……………………………………… 159

第1章 绪 论

1.1 三个风险投资家的故事[①]

(1) 最"敢冒险"的风险投资家：迪克·克拉姆里奇

迪克·克拉姆里奇(Dick Kramlich)在 New Enterprise Associates(NEA)的合伙人告诉他，当他建议他们投资 1 亿美元到中芯国际(SMIC)时，他们认为他疯了。然而，在 2004 年的首次公开发行(IPO)中，中芯国际募集了 17 亿美元，这笔交易使 NEA 获得了多倍的回报。克拉姆里奇和 NEA 通过投资中国技术市场获得了这些回报，而硅谷的其他风险投资公司并没有认真对待它。

2003 年，中芯国际完成了 6.3 亿美元的 C 轮融资，投资机构包括 NEA、Oak Investment Partners 和 Walden International，以及一些主要的国际投资公司：Vertex Ventures Israel、淡马锡控股、H&Q 亚太、Beida Microelectronics Investment 和上海实业控股。当时，中国刚刚对外资开放了半导体产业，大多数美国投资者不知道会发生什么。这是一个未知的领域，没有确切的模型可供参考，克拉姆里奇的合伙人称之

[①] 部分案例参考以下来源：

孙正义马云：昔日相互成就，如今渐行渐远？[EB/OL]. (2020-07-18)[2021-10-14]. https://baijiahao.baidu.com/s?id=1672553387209018853&wfr=spider&for=pc.

Alien. 互联网巨头的自白：那些年，救我于水火的投资人[EB/OL]. (2017-06-14)[2021-10-14]. https://www.jiemian.com/article/1396093.html.

风投史上最成功的 7 笔投资案例(国内企业案例)[EB/OL]. (2018-11-30)[2021-10-14]. https://www.jianshu.com/p/8ee47811f0e2.

为"地缘政治风险"。但克拉姆里奇坚称中芯国际是一笔有价值的投资,他的依据主要包括以下三点。

第一,中国的经济增长率长期处于全球领先位置。哪怕在20世纪90年代后期中国的经济增长率减慢了下来,还能稳定保持在约7%或8%。作为参考,美国平均每年的经济增长率约为3.22%。第二,中国(当时)消耗的半导体比世界上任何其他国家都多。中国的半导体消费率每年增长24.8%,而全球的平均增长率为3.8%。第三,中芯国际的团队由来自亚洲其他国家的半导体行业资深人士组成。他们已经在韩国和其他地方建立了成功的半导体业务。

一支经验丰富的由半导体行业资深人士组成的团队、世界上最大和增长最快的半导体市场以及持续近10年增长保持在9%~13%的经济体——2002年,克拉姆里奇和NEA的相关人员在飞往中国进行尽职调查时看到了这些。不久之后,NEA签署了一项9 000万美元的投资协议。之后,在2003年中芯国际上市之前,该公司再投资了3 000万美元,总计1.2亿美元。到2007年,NEA向中国公司投资了大约3亿美元。

NEA的成功表明,最大的机会往往存在于有风险的地方。当其他投资者感到害怕时,那正是你应该进行研究并准备自己行动的时候。

(2) 最"有情怀"的风险投资家:李开复

影响青年一代的高科技企业Web工程师和投资人李开复拥有精彩的人生。1988年,李开复获得卡内基梅隆大学计算机系博士学位,并在同年被《商业周刊》授予"最重要科学创新奖"。随后两年,李开复在该校担任assistant professor(助理教授)。1990—1996年,李开复加入美国苹果电脑公司,历任语音组经理、多媒体实验室主任、互动多媒体部全球副总裁等职位。1996—1998年,李开复在美国硅谷图形公司(SGI)电脑公司担任互联网部门副总裁兼总经理、Cosmo软件公司总裁,负责多平台、互联网三维图形和多媒体软件的研发工作。1998年,李开复加盟微软公司,并随后创立了微软中国研究院(现微软亚洲研究院)。2005年7月,李开复加入Google(谷歌)公司,并担任Google全球副总裁兼中国区总裁。

当一切顺风顺水的时候,2009年9月,李开复毅然宣布离职谷歌,回到中国创办了创新工场,任董事长兼首席执行官。创新工场在此前首先获得了中经合集团董事长刘宇环的支持,然后李开复在一个星期之内拜访了12位投资者,其中包括联想控股总裁柳传志、鸿海集团董事长郭台铭、新东方集团董事长俞敏洪和YouTube创始人陈士俊。除了陈士俊进行了个人投资外，前三者均代表公司以机构投资者身份介入。李开复一共募集了9个投资股东的投资，就此开创了一个天使投资＋创新产品和团队的平台——"创新工场"，开辟了中国风险投资和创业的一个新模式，其涉及的主要领域是互联网、移动互联网和云计算。

李开复说自己想要开创一家公司，专门为有着创业梦想的中国年轻人提供帮助。2018年12月，李开复入选"中国改革开放海归40年40人"榜单。2019年，李开复决定真正离开美国市场，将公司总部转移到国内，并放弃了美国绿卡。2020年12月，李开复位列"2020福布斯中国最佳创投人TOP100"第59位。

(3) 最"坚定"的风险投资家：孙正义

1999年10月，阿里巴巴刚过满月，还是一家名不见经传的小公司，没有人知道它日后会成长为千亿帝国。此时的马云在经历了两次创业失败之后，依然不死心，和当下的创业者一样，执着地、勤劳地拿着自己的项目资料和名片去挨个拜访各家机构，解释自己的创业想法，寻求资金支持。

马云与投资人孙正义的第一次会面更像是一场"集体面试"——20家IT初创企业负责人参加了与孙正义的面谈，争取软银的注资。据UT斯达康创始人之一吴鹰透露，当时孙正义并不看好阿里巴巴，所以只给了马云6分钟来做介绍。马云的介绍赢得了孙正义、薛村禾（软银中国执行合伙人）、周志雄（凯旋创投创始合伙人）、吴鹰（UT斯达康创始人之一）等当时任职于软银的风险投资家的认可。孙正义后来表示："我第一次见到马云，就感受到了他的远见和激情，很高兴在投资领域帮他实现了雄心。"而马云事后则说道："我们不谈营收，甚至没有谈到商业模型，我们只是聊了聊共同的愿景。"

起初，孙正义打算投资3 000万美元，占股30%，但是马云担心管理层股权被稀释太多会失去话语权，于是主动请求将投资金额降至2 000万美元。孙正义不但让步，而且同意以阿里巴巴的发展为重心，不过分干涉其运营，并且放弃了出任董事的资格，只担任阿里巴巴顾问。

虽然孙正义的确不是马云的第一个贵人，但绝对是成就阿里巴巴今日伟业的关键人物之一。因为这笔投资完成之后不久，2000年硅谷互联网泡沫破灭，纳斯达克科技股纷纷大跌，导致国内的互联网企业也融资无门，而阿里巴巴靠着软银的这笔投资，不仅熬过了资本寒冬,还走上了高速发展的快车道。随着阿里巴巴的发展壮大,软银也不断向阿里巴巴追加投资。2005年孙正义开始担任阿里巴巴董事,并于2017年邀请马云成为软银的第10位董事。

北京时间2014年9月19日,阿里巴巴终于在美国纽约证券交易所上市,股票代码为"BABA",创造了史上最大IPO记录。开盘价为92.7美元,总市值超过2300亿美元,第一大股东软银更成为最大赢家,投资回报高达2000多倍。阿里巴巴的上市,不仅使得包括马云在内的公司高层及员工身价大涨,还使得孙正义成为日本首富,人称"亚洲沃伦·巴菲特"。

至此,当年的6分钟会面成为一代传奇,软银投资阿里巴巴也成为风投界的经典案例。2015年年初,在北京国家会议中心举办的一场"算数年度数据发布会"上,《今日头条》公布了其2亿用户的年度阅读大数据。数据展示了最经常和马云的名字一起出现的十位大佬,其中孙正义以874万阅读量位居榜首。

1.2 为什么要关注风险投资家?

作为一种特殊的股权投资,风险投资(Venture Capital,VC)被视为新兴企业的一种重要融资形式。近年来,对风险投资成效的研究成为公司金融领域的研究热点。理论上,风险投资是连接资本和实体经济最直接的枢纽,厘清二者间的利益关系,有助于更好地理解公司金融的运行机理和发展动力。现实中,风险投资关系到一国的产业进步和就业扩张,明确风险投资在金融行业中的增长源头,有利于为中国等发展中国家利用风险资本推动经济快速增长提供依据。

中国从20世纪80年代开始引导推进风险投资的发展,直至中小板和创业板的设立,风险投资基金规模开始呈现井喷式扩张[1]。然而,从2017年开始,受宏观经济形势影响,我国私募股权市场基金募集规模呈现下降态势[2],如图1.1和图1.2所示。

---

[1] 据投中研究院统计,我国风险投资募资金额从2006年的182亿美元增长到2016年的449.01亿美元。
[2] 据投中研究院统计,2018年第一季度,国内VC/PE机构完成募集基金规模110.3亿美元,同比下降74.85%。

远期来看,在"钱荒"和"资产荒"①的双重考验下,风险投资行业将面临优胜劣汰的局面,市场将重新洗牌。哪些风险投资家属于优秀成功的风险投资家?这不仅是学者关心的问题,更是有限合伙人和创业者关心的问题。

图 1.1　2009—2019 年市场新募基金情况

图 1.2　2009—2019 年市场投资情况

本书以风险投资家的异质性为核心,针对风险投资家个人特质对被投资企业成长的影响进行深入讨论,并对具有不同特质的风险投资家的投资业绩进行比较。本书有助于修正补充关于中国风险投资已有的研究结论:

① 解答"什么样的风险投资家更为成功"。虽有学者指出,相对于风险投资机构,风

---

① 一方面,资本在经历"共享单车""无人货架""区块链"潮之后逐渐回归理性;另一方面,优质项目稀缺,"大疆"等创业企业通过"竞价融资"开启了投融资双方博弈的新模式。

险投资家对投资业绩的解释能力更强(Ewens et al.,2015),但关于风险投资家异质性的研究还寥寥无几。为了填补这一空白,本书借助于风险投资项目、风险投资家个人、被投资企业的样本和数据,分别从风险投资家职业背景、风险投资家政治背景和风险投资家海外背景三个方面,对比研究风险投资家异质性对投资业绩的影响。

② 解答"风险投资作用于被投资企业的根源是什么"。风险投资家通过提供增值服务,加快企业成长,实现资本的成功退出,进而获得巨额投资回报。从表面来看,很多企业在风险投资之后确实呈现快速成长之势,但是企业价值增值的来源是什么?已有研究将关注点放在风险投资机构背景或资金背景上,例如:企业背景风险投资机构在扶植企业提高创新能力上作用更明显(Chemmanur et al.,2014;Tian et al.,2014);银行背景风险投资机构在帮助企业进行外部融资方面具有天然优势(Mayer et al.,2005;Hellmann et al.,2008;Fang et al.,2013)。这些研究力求通过可直接观测到的显性资源解释 VC 对企业的价值,而忽视了风险投资家的作用。风险投资家有没有在交易的过程中发挥自身价值?还是仅仅充当了资金的供给者,在进行"纯财务"投资?本书立足于个人,关注风险投资家的行为偏好和个人背景,试图从不可直接观测到的隐性资源角度解释 VC 对企业的作用。

同时,本书具有一定的现实意义。正如美国高科技投资有限公司董事长 Stephen 所说:"人的因素是运用风险投资成功建立高新技术产业最重要的因素,其中风险投资家是中心环节。"风险投资人力资本具有极强的资源配置能力,具有为风险资本保值增值和对风险企业进行风险控制并提供增值服务的双重作用,风险投资人力资本的存量和质量直接决定着风险投资的成败。

长期来看,本书有助于实现我国风险投资与国际资本市场顺利接轨。目前绝大部分关于风险投资家的研究是基于西方资本市场的数据、样本和案例,对于中国市场的机制研究还缺乏较完善的分析框架和较统一的研究结论。中国作为一个新兴市场,其资本市场兼具政策导向和经济转型的双重特征,受到行政管制等非市场竞争因素的影响,因此风险投资家不仅需要具备国际视野,还需要具备本土意识。从当前中国风险资本的发展现状来看,泥沙俱下,鱼龙混杂,良莠不齐。同国外顶尖风险投资机构相比,我国风险投资机构的质量还有待提升。要解决这一问题,不仅要从行业标准的规范化入手,更要从从业人员素质的提升入手。通过识别决定风险投资家成功与否的关键要素,能够有针对性地提升我国风险投资从业者的国际竞争力。

本书站在风险投资家角度,研究人力资本对投资绩效的影响,无论是对于风险投资行业发展、风险投资机构的组建,还是对于寻求风险投资支持的创业企业,都能发挥指导作用。

短期来看,本书有助于解决当前中国风险投资行业面临的一系列问题。大体上我国风险投资行业正在逐渐走向繁荣,但在这一过程中仍免不了挫折。尤其是从2017年年底开始,受宏观经济形势影响,我国风险投资行业整体步入了融资难和投资难的双重困境,风险资本泡沫开始破裂,大批被风险资本投资过的创业企业进入破产阶段。2018年,共享单车"OFO"全面溃败;共享汽车"途歌科技"被用户追债退押、总部员工讨薪;"红芯浏览器"被披露抄袭,之前曾宣布喜提2.5亿元C轮融资,且有晨兴资本、达晨创投、IDG资本等机构相继跟投;"寓见公寓"在拿到顺为资本、策源创投等知名VC投资,获得多项创业大奖之后,被指涉嫌滥用杠杆、挪用客户资金。一连串的失败案例令资金的所有者在VC面前望而却步,其试图绕过VC,直接与项目对接。

以上种种现象表明,当前制约我国风险投资整体发展的最大瓶颈就是缺乏优质的风险投资家,并且缺乏专业风险投资家人才培养体系。随着中国对创新创业和高科技领域的重视程度逐渐提高,对风险投资家,特别是有能力的风险投资家的需求会只多不少,因此识别优秀风险投资家,以及对风险投资家的优秀特质进行培养应当被上升到我国风险投资行业发展的战略高度。本书具体研究了哪些个人特质会对投资绩效产生积极影响,以及产生这些积极影响的原因是什么,这些实证结果对于中国风险投资机构对风险投资家的培养具有很强的指导意义,有利于我国风险投资家整体水平的提高和价值的实现,更有利于资本市场和投资者对风险投资行业信心的重塑。

此外,本书关于风险投资家异质性对投资绩效的影响的研究能够指导风险投资机构合理进行团队组建。根据本书的研究结果,不同的风险投资家具有不同的人力资本,能够为企业带来差异化的增值作用。风险投资机构管理者应该注重不同人力资本与投资目标之间的有机结合,根据不同项目的特点为其配备不同的风险投资家进行指导服务。因此,本书的研究有助于风险投资机构根据自身战略定位选择具有相应背景的风险投资家,进而有助于其组建更加高效的投资管理团队。

最后,站在创业企业角度,本书的研究有助于减少风险投资家和创业者之间的合作障碍,增加两者之间的有效沟通。在中国,创业者普遍对风险资本存在较多争议,担心创业成功之后会陷入与风险投资家之间的控制权争夺之中。因此,中国的创业者对资本呈现两极分化的态度：一方面，缺乏资金的创始人急于拥抱资本，来者不拒，而不顾及风险投资是否能够为自己提供所需的增值服务；另一方面，资本充足的创始人要么对资本涌入持完全排斥态度，要么如同"大疆"无人机创始人，凭借企业自身的行业竞争力，待价而沽，通过"竞价融资"的方式引入外部投资者。无论采用何种模式，风险投资家的增值作用都不会得到最好的发挥。造成以上现象的重要原因就是创业企业家对风险投资家缺乏足够的了解和认识。

尚格会展创始人张珺曾在《创业家》五周年庆典暨第三届克莱斯勒黑马大赛上表示："要想把企业做到行业里面的领军，我觉得服务业里目前可能不太需要这种资本的推动。但是如果最终想把企业做成一个比较光辉亮丽甚至伟大的企业，大多数的企业的确是借助资本力量才得以伟大。"本书的研究得到的结果有助于创业企业家在寻找风险投资时更好地辨别能为企业发展带来积极影响的投资方，通过了解风险投资家的背景来掌握其投资偏好和行为特征，选择与企业自身所处行业和发展所需匹配的风险投资家来帮助企业更好地运营与合作，实现创业企业和风险资本的有效结合。

1.3 本书的研究框架

1.3.1 研究内容

本书围绕风险投资家异质性对风险投资业绩的影响，探究风险投资人力资本的作用。具体包括如下内容。

第一，研究金融背景风险投资家与实业背景风险投资家投资绩效的差异。基于社会网络视角，本书发现金融背景风险投资家的投资业绩优于实业背景风险投资家的投资业绩，表现为所投项目有更高的 IPO 退出率。究其背后机理，发现金融背景风险投资家能够借助于其在金融领域的社会网络和声誉资源更好地支持被投资企业，例如，有助于被投资企业更快获得下一轮 VC 融资，并且在 IPO 过程中能帮助企业雇佣更好的承销商。相对于实业背景风险投资家的创业网络，金融背景风险投资家的金融网络范围更广，源自金融行业本身较强的跨区域、跨行业特点。因此，金融背景风险投资家比实业背景风险投资家表现出更激进的投资风格，本地偏好程度更低。在网络深度方面，金融背景风险投资家也略占优势。借助于其在分析师领域、承销商领域的资源，金融背景风险投资家可以促使企业IPO前的信息快速传导至股票公开发行市场,降低投资者与企业间的信息不对称程度,从而使被投资企业在IPO过程中获得的估值更高,抑价率更低。

第二,研究政治背景风险投资家和一般风险投资家投资绩效的差异。基于政治关联视角,本书发现政治背景风险投资家的投资业绩好于一般风险投资家的投资业绩,但这一结论仅在以"其是否具备政府机关工作经历"为标准时成立,具备事业单位工作经历的风险投资家的投资业绩与一般风险投资家的投资业绩之间无显著差异。其内在机制主要在于,相较于一般风险投资家,政治背景风险投资家拥有更多与政府的联系,相对于其他资源,这种资源较为稀缺。一方面,政治背景风险投资家凭借政治资源,能够为企业引入更多的外部融资机会,帮助企业在IPO前期雇佣声誉更高的承销商;另一方面,出于对自身利益的保护,政治背景风险投资家比一般风险投资家更希望通过担任董监事的途径掌握更多企业控制权,以达到资源贡献和收益获取的平衡。由于参与了更深层的企业管理,因此政治背景风险投资家可以在IPO市场发挥更多认证作用,使企业IPO抑价率更低。此外,政治背景风险投资家可以借助于政治资源提前获取本地企业信息,从而在投资策略中表现出更激进和本地偏好更强的投资倾向。

第三,基于海外人力资本视角,本书发现风险投资家的海外背景会影响其投资绩效,具体表现为:海外背景风险投资家的投资回报率和IPO退出率显著差于本土背景风险投资家;相较于学习经历,工作经历对风险投资家业绩的影响程度更大。进一步研究发现,海外背景风险投资家的投资策略更加谨慎,同时表现出更低的董事会参与度。此外,我们发现海外背景风险投资家更差的业绩表现与其对企业投资后的治理密不可分,文化差异是导致其投资业绩较差的部分原因,海外背景风险投资家更倾向于促成企业在海外上市。

1.3.2 研究结构

本书分为7章,具体结构如下。

第1章是绪论,主要介绍本书的研究意义、创新点、研究内容和方法等。

第2章介绍风险投资家的国际实践和中国探索,通过对比时间层面和国家层面风险投资的发展,揭示风险投资实践过程中遇到的问题及挑战。

第3章介绍本书的研究所涉及的相关理论及文献,包括资源基础理论、资源依赖理论、人力资本理论、社会资本理论、政治市场理论等。同时还从风险投资作用于企业机制和渠道、风险投资家人力资本的差异等方面分别进行了梳理,对比国内外研究差异。

第4章主要研究金融背景风险投资家和实业背景风险投资家投资绩效的差异,并对其影响机制进行分析。

第5章主要研究政治背景风险投资家和一般风险投资家投资绩效的差异,及其机制分析。在研究的过程中,将风险投资家的政治背景分为政府机关工作经历和事业单位工作经历分别进行研究。

第6章主要研究海外背景风险投资家和本土背景风险投资家投资绩效的差异,及其机制分析。其中,对风险投资家的海外背景做了海外工作经历和海外学习经历的区别分析。

第7章探讨启示、建议与展望。

本书架构如图1.3所示。

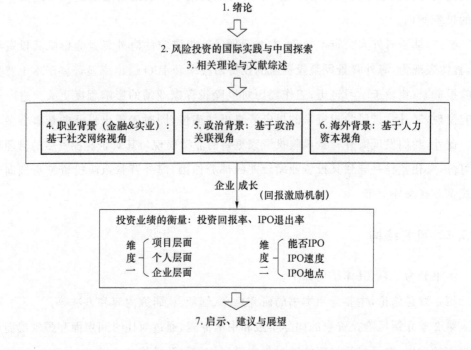

图1.3 本书架构

1.4 本书的研究方法

本书所采用的研究方法如下所述。

一是实证分析与规范分析相结合、理论与实践相结合。本书将在充分把握文献的基础上，重新整合风险投资相关理论，并提出一些理论见解充实该理论。在进行理论研究的同时，力求做到每一种理论解释都有实证研究的支持。

二是在实证研究中采用大样本数据的统计分析方法。为了研究中国风险投资家人力资本的构成、其对公司治理和公司融资的影响以及风险投资家投资绩效的情况，需要收集大量的中国风险投资家、风险投资机构、上市与非上市企业的数据进行统计计量分析。

三是比较研究的方法。分别比较金融背景和实业背景风险投资家、政治背景和非政治背景风险投资家、海外背景和本土背景风险投资家在助力于企业成长和自身业绩上的差异。

1.5 主要问题及解决方案

(1) 对风险投资家个人特征数据的收集和整理

已有文献中对人力资本特征的描述最多的是教育背景和工作经历，而本书的研究在前人研究的基础上，考虑了更多可能影响风险投资家投资绩效的变量，这些变量的数据均来自投中集团的 CVSource（投中）数据库。CVSource 数据库是中国 VC 行业最具权威性的风险投资数据库之一（另一个为清科数据库），国内大多数关于风险投资的研究都来源于此。

为了获取足够多的风险投资家信息，作者首先整理了所有具有管理团队的风险投资机构数据，然后整理了团队中每个风险投资家的个人简介，再从个人简介中手工提取其职业背景等个人特征。为了尽可能扩大样本规模，避免样本选择偏差，作者一共整理收集了 1 845 个风险投资机构的 12 395 位风险投资从业人员的个人简介，并从中提取了本书所涉及的 3 741 位风险投资家的个人特征。

除了本书所涉及的风险投资家的职业背景、政治背景和海外背景,出于未来研究需要,作者还整理了这些风险投资家的性别、年龄、受教育程度、科研经历、获奖经历、承担的社会职务等特征。另外,用于本书研究的个人控制变量也来源于对风险投资家个人简介的整理和统计,包括风险投资家以往的风险投资项目数、退出比例、投资行业比例等。由于很多数据存在缺失和信息不完整的情况,作者还尽可能地通过网络搜索的方式进行了核对和补充。

(2) 对风险投资家投资绩效的衡量

本书以被投资企业能否 IPO 衡量风险投资家的投资绩效。本书认为,能否通过 IPO 退出资本是衡量风险投资家是否成功的重要指标,帮助企业 IPO 是取得丰厚投资回报率的前提,也是风险投资对企业成长的最大贡献。研究过程涉及所有 2001—2012 年间接受 VC 的企业,本书认为,如果这些企业在 2017 年年底之前还不能公开上市,则不具备公开上市的能力,因为这说明企业从接受 VC 到上市的等待时间至少为 5 年,超过了样本中大约 80% 的上市企业从第一次接受 VC 到上市所需要的时间。

(3) 解决处理效应(treatment effect)和选择效应(selection effect)

在针对风险投资研究的实证过程中,处理效应和选择效应始终是绕不开的问题。投资前后,风险投资家和被投资企业两个主体相互作用、相互选择。一个普遍的问题就是,如何判断前者对后者的影响是来自投资后前者对后者的实际作用,还是来自投资前双方的互相选择?这一问题反映到实证层面就属于自变量和因变量之间的内生性问题。考虑不同风险投资家、不同类型的投资时,这个问题就显得更加复杂。

在各部分的实证过程中,为了排除"自选择"和遗漏变量造成的内生性问题,本书的研究使用倾向得分匹配法(Propensity Score Matching,PSM)和工具变量法(Instrument Variable,IV)对样本和数据进行检验:通过倾向得分匹配法将不同背景的风险投资家投资的项目进行匹配,然后对匹配后的数据进行平衡性检验,在检验通过的基础上再进行样本的重新检验,将检验结果与原结果进行对比;工具变量部分用到了 IVProbit 模型,分别对初始样本和由 PSM 匹配后的样本进行检验,检验结果支持原有结论。

1.6 贡献与创新

本书的贡献与创新主要体现在：

① 基于社会网络、政治关联和人力资本三个角度，本书较为全面地刻画了风险投资家在中国的主要特征，将研究深入风险投资家层面。由于个人层面的数据较难得到，且整理起来需要耗费大量时间、人力，因此以往关于我国风险投资的研究大多停留在风险投资机构和风险投资基金两个层面(陈工孟 等,2011;赵静梅 等,2015;余琰 等,2014;胡志颖 等,2015)，主要研究风险投资参与与否差异、风险投资机构与其他中介机构的差异及不同类型风险投资之间的差异。风险投资是一项人力资本密集型投资，其业绩与风险投资家的个人能力和资源禀赋密切相关，已有研究尚未深入该层面，本书对其进行了补充。

② 通过社会网络、政治关联和人力资本三个方面，本书研究了风险投资家的不同背景对其绩效的影响，包括对被投资企业上市速度和上市机会的影响。以往关于风险投资的研究大多集中于对被投资企业 IPO 市场表现(张学勇 等,2011)、IPO 后长期业绩(刘晓明 等,2010)、创新(张学勇 等,2016b;温军 等,2018)和投融资行为(吴鹏超 等,2012)的研究，而事实上，在我国 IPO 资源稀缺的情况下，企业能否尽快上市既关系到企业的生死存亡，又关系到风险资本能否顺利退出。IPO 不仅是企业从弱小走向成熟的"里程碑"，也是检验风险投资家是否成功的"试金石"。因此，对企业能否 IPO 的研究是关于风险投资的学术研究中必不可少的一部分，本书从风险投资家异质性方面弥补了该领域的不足。

③ 本书研究了不同职业背景、政治背景和海外背景的风险投资家投资特征的差异，揭示了风险投资家异质性对投资业绩的影响背后的机制。以实现投资回报率最大化为目标，每个风险投资家会根据自己的优劣势和以往的投资经验制定一套自己的投资准则，这些准则能够反映在具体的投资策略上。通过对其联合投资、多阶段投资、本地投资倾向等行为的研究，能够进一步了解不同背景风险投资家依靠社会网络、政治关联和人力资本作用于企业，使资本实现成功退出的机制和渠道。

第 2 章　风险投资的国际实践与中国探索

2.1　几个重要概念

风险投资(Venture Capital，VC)又被称为风投或创投，是指具备一定资金实力的公司或者具备募集资金能力和资质的公司对创业企业进行入股，以填补被投资企业成长初期所需的巨大资金缺口。被投资企业一般属于专业性强的新兴行业，成长潜力大，并且创始人具备能够被风险投资家认同的优秀品质。风险投资在创业企业成长初期，估值较低的时候入股，其目的是在未来企业成熟之后，通过退资的方式获得高额收益。当然，由于初创企业具有较高的不稳定性，在投资的过程中，投资方要以承受极高的风险为代价。风险资本一般以基金的形式存在，当一个项目结束后，退出的风险资本会继续投入下一个项目中，不断循环增值。

本质上，风险投资属于私人股权投资的形式之一。私人股权投资主要分为杠杆收购、风险投资、成长资本、天使投资、夹层投融资等。从狭义上理解，风险投资与杠杆收购不同，风险投资的资金大多用于投资新创企业或未上市企业，除了资本，还通过提供增值服务来获取企业成长利得，而杠杆收购的标的多为成熟企业。同时，风险投资也不同于天使投资，天使投资主要指具有一定净财富的人士而非机构，对具有巨大发展潜力的、高风险的初创企业进行比风险投资更为早期的直接投资。广义的风险投资包括天使投资。在本书的研究中，风险投资涵盖了创业企业成功 IPO 之前所接受的所有私人股权投资。一般情况下，风险投资由以下六个要素构成。

(1) 风险资本

风险资本是指投资过程中的资金本身,是风险投资机构向创业企业提供财务支持的主要方式。风险资本运作的主体是风险投资家,但其来源可以是其他金融机构、企业或个人。

(2) 风险投资机构

风险投资机构是联结风险资本和投资对象的金融中介,起到资源配置的关键作用。在公司制下,出资人是公司股东,风险投资家一般由公司高管担任;在有限合伙制下,机构一方面接受来自有限合伙人(Limited Partner,LP,即实际的出资者,但不负责具体经营)的出资,另一方面将募集到的资金交由内部的普通合伙人(General Partner,GP)管理,由其决定资金的投向,同时,普通合伙人会按一定比例少量出资。本书的主要研究对象——风险投资家,即为这里所说的普通合伙人。在投资的过程中,风险投资家为了对被投资企业进行监督和治理,有时会担任被投资企业的高管,这就要求风险投资家具备一定的专业知识,要么懂技术,要么懂财务或者懂管理。总之,风险投资家越能和创始人进行知识和能力方面的互补,对企业发展越有益。

(3) 投资对象

风险投资的产业领域主要是高新技术产业,包括通信产业、生物科技、医疗保健、软件开发等。除此之外,风险投资还涉及对传统领域(如餐饮行业、物流行业、电器行业等)的投资,包括对创业型中小企业和高成长企业的投资。

(4) 投资期限

传统意义上的风险资本在创业企业成立之初进入,在成熟之后退出,完整流程至少要四五年,期限长、风险高,收益也就更多。但是在中国,很多风险投资为了控制风险,宁可牺牲早期投入的低估值,也要选择即将上市的企业进行投资,得到的估值相对较高。而对乐于接受其投资的企业高管和原股东来说,可能看重的是这些后来者所能提供的上市资源,而非其财务支持。在这种情况下,项目的投资期限一般较短。

(5) 投资目的

作为私人股权投资的一种,风险投资的最终目的既不是进行短期投机,也不是获得企业的控制权和所有权,而是能够在企业估值低的时候买入股份,然后帮助企业做大、做强,在股价升高时,通过 IPO 或者并购等方式将股份抛出,获得资本的时间成本,并分享企业成长红利。

(6) 投资方式

风险投资最直接的投资方式是出资购买创业企业的股权,另外,广义的风险投资还包括通过贷款的方式对企业进行财务支持。无论通过哪种方式,风险投资的关键在于提供财务支持的同时还提供增值服务,包括咨询服务、战略规划、监督治理、构建联盟等。风险资本进入创业企业的过程可以多阶段进行,也可以一次性完成。随着行业的发展,越来越多的风险投资家倾向于通过多阶段投资或者和其他风险投资家联合投资来分散投资的风险。

当前阶段,风险投资具有以下特点:第一,风险大、回报高,周而复始,这是最显著的特征;第二,通过入股的方式参与;第三,积极参与企业治理,而非仅仅提供财务支持;第四,追求高投资回报率,而非企业所有权;第五,与企业的所有合作建立在相互信任的基础上;第六,投资具有明显的行业特征,以高科技行业为主。综合来看,资金、技术、管理和市场机会是促进风险投资获得成功所必不可少的因素。

风险投资是高新技术进行成果转化过程的一个支持系统,它通过加速这一过程,壮大了高新技术产业,催化了知识经济的蓬勃发展。

2.2 风险投资组织形式的演变

风险投资组织形式的选择对风险资本的经济效率、激励约束机制产生了重大影响。各国由于国情的不同,在风险投资制度安排上呈现不同的特点,主要包括三种典型类型:有限合伙制、公司制和信托基金制。虽然各个风投机构的名称各异,但就其组织形式而言,不外乎以上三种。

本节将介绍不同组织形式的优缺点,并引出我国风险投资与国外风险投资在组织形式上的差异及其原因,进一步明确风险投资家在不同机构组织形式中担任的角色和重要性。

(1) 有限合伙制

有限合伙制是一种建立在合伙协议上的经营制度,在实行有限合伙制的团体中,少部分合伙人担任受托人角色,承担无限责任,而更多的合伙人担任委托人角色,承担有限责任。

一般认为,有限合伙制发端于10世纪左右意大利航海贸易中广泛采用的康孟达(Commenda)协议。根据康孟达协议,资本所有者将自己生产的货物交由航海的商人,委托其进行商品交易,得到的超额收益由双方按照协定进行分配。这种交易形式构成了原始的委托-代理机制。在这种组织的运行中,信用发挥了至关重要的作用,一旦信用丧失,任何约定都将变得毫无意义。另外,在这种制度下,委托人仅按照出资额承担有限风险和责任,而受托人,即贸易的实际操作者,在按照协议规范操作的情况下,即使对委托人造成损失,也不需要承担责任。1673年,有限合伙制首先得到了法国商法的承认和保护。有限合伙制的制度安排使中世纪欧洲的大批财富持有者能够将自有资本投入商业活动中,在法律的保护下进行获利,因此,有限合伙制逐步成为一种被广泛认可的企业组织形式。

经过一千多年的发展,有限合伙制在本质上并没有发生太多变化。参与者仍旧分为两类:一类是普通合伙人,对投资项目具有决策权和经营责任,常由专业化的机构或个人担任,对投资承担无限责任;另一类为有限合伙人,根据出资份额对合伙企业承担有限责任,但不具备项目的投资决策权。根据大部分风险投资约定,在成立基金的时候,有限合伙人提供99%左右的风险资金,普通合伙人提供1%左右的风险资金。到基金清算时,普通合伙人除了将分到20%左右的资本利得外,还将获得等价于风险基金价值的1%~2.5%的管理费;而有限合伙人分享到的利润为80%左右的资本利得。由于普通合伙人的主要酬劳来源于资本利得提成,因此具有极大的激励作用。有限合伙制通过将普通合伙人的收益与工作努力程度牢牢结合,实现了委托-代理机制下道德风险问题的解决。作为风险投资机构的执行事务合伙人,普通合伙人负责机构的日常经营,包括:制定投资策略和财务预算、为被投资企业聘请专家和顾问、获取经营管理报酬等。

2007年6月,《中华人民共和国合伙企业法》在我国正式实施,一系列有限合伙投资机构相继成立,但由于当时我国风险资本的来源还是以政府或政府控股企业为主,因此有限合伙制并没有在我国风险投资市场占据主导地位,更多机构是以公司制形式存在的。

(2) 公司制

公司制是指采用有限责任公司或股份有限公司的形式设立风险投资机构,实质上是一种"资合"机制。

公司制首先出现在古罗马时代。当时由于罗马大规模和频繁地发生战争,需要强有力的后勤保障,而这些后勤保障需要集中社会力量联合支持,因此以股份公司的形式产生了第一个类似于公司的组织,该组织通过向公众出售股票,集中社会上的闲散资金来满足政府用于战争的花费。而政府出于现实需要,考虑到同一个有组织、人员可控的团体接洽要远比同其他漫无组织的群体接洽更方便,便承认了这一组织形式的合法地位。后来,社会公众普遍认识到这种组织形式所产生的便利性和高效性,便纷纷自发成立公司进行经济活动。一开始,法律并没有对这类组织进行明确规定,公司仅作为一种为了盈利而形成的装置,还有一些公司存在的目的是规避法律。例如高利贷活动:为了获得暴利,放贷人掩盖自己的身份,采用团体的名义发放高利贷,即成立公司。这种形式虽然在法律上没有被认可,但实际上真实存在。

现代公司制起源于英国,最早以由商业冒险家建立起来的"管制公司"(regulated company)为代表。管制公司为公司成员争取到了贸易独占权,实际上是为了满足个人追求垄断利润而存在的。从16世纪开始,海外贸易公司就代替政府行使权力,并承担殖民地的防卫义务。

在公司制下,风险资本的实际投资人出资成立公司,既可以采用有限责任公司的形式,也可以采用股份有限公司的形式,其根据出资份额承担有限责任。然后,由这些出资人选出公司管理层,令其负责风险资本的日常经营,每年在公司董事会或股东会上提交公司预算和决算报告以及项目投资报告。风险投资项目的投资决策由投资委员会决定,而投资委员会一般由公司的董事会或者股东会代替。这里的"投资委员会""董事会"或者"股东会"即为本书的研究对象——风险投资家。

除了公司自有资金,在公司制下,风险投资机构还可以通过私募的方式筹集资本,专门从事投资活动。私募基金的出资人依靠资本利得获益,而风险投资机构的股东按照股权比例取得分红获得收益,或者通过股份转让获得增值收益。在一些国家的公司制下的风险投资机构中,公司和股东都要向政府缴纳税款,会产生双重税赋的问题。

(3) 信托基金制

信托基金遵循"利益共享、风险共担"的原则,向社会发行基金份额,将募集到的资金交给具有专业资质的风险投资机构进行管理,投资者按照出资比例获得收益,承担风险。法律上,基金本身并不算是独立财产主体,每一份基金财产所有权在募集的过程中都将转移至基金管理人名下。

信托基金按照组织形式又可以分为合约型和公司型。无论是合约型还是公司型，信托基金都为基金设立了第三方保管人，即将基金的经营权和保管权分开。其中，经营权属于专业风险投资家等基金管理人，而保管人一般由第三方银行等金融机构担任。如果是合约型信托基金，则信托合约会明确规定投资者、专业风险投资家和基金保管人三方之间的关系，以及各自的权利和义务。

按照交易方式来分，信托基金又可以分为开放型和封闭型。开放型基金发行数量不固定，投资者可以随时认购或转让；封闭型基金发行确定数量的基金份额，发行期满后，不能认购或赎回，只能进行转让。在信托制下，风险投资基金的所有者只承担有限责任，风险投资机构按照合约负责运作基金，明确的分工使得信托制的风险投资主体可以更好地发挥专业优势。但由于信托基金委托-代理的链条更长，运营成本可能更高，道德风险也更高。在实际选择中，应该同时考虑这种制度产生的专业化收益和委托-代理成本孰高孰低。

(4) 市场的选择

在新制度经济学看来，市场经济中企业可以自由地选择组织生产的方式。根据理性人假设，企业家选择的组织形式一定是最优的。1937年，科斯在《企业的本质》中的观点表明，交易费用是决定一个社会采用不同经济组织形式的关键。从制度的实际演变和发展中也可以看出，组织存在的意义是寻求更多利润，何种组织形式更有利于获利，就更有可能占据市场，其后才是法律是否对其认可和进一步规范。风险投资也是遵循这一规律，逐渐形成适合周围经济环境的组织形式的。因此，在讨论每个国家的风险投资主要采取哪种形式的时候，我们应该把关注点集中在市场条件、交易成本和法律环境上。

有限合伙制是国外风险投资的主要组织形式。自20世纪80年代末以来，美国独立的有限合伙制风险投资管理的资本总量占整个风险投资产业资本总量的比例一直稳定地维持在80%左右。有限合伙制之所以在美国风险投资行业如此受到青睐，主要是因为相比于公司制，有限合伙制避免了双重税赋。有限合伙企业的全部收益在分配给每一个合伙人之后，再由他们按照自己适用的边际税率纳税。另外，有限合伙制对普通合伙人提供了更多的激励机制。首先，在美国风险投资行业，普通合伙人的出资一般只占基金总额的1%左右，但普通合伙人却能够得到20%~21%的收益提成。其次，作为普通合伙人的风险投资家在进行决策的时候有较高的独立性，不会受到有限合伙人的制约。最后，在有限合伙制下，风险投资家还可以得到一定比例的基金管理费。除了对风险投资家的激励，有限合伙制还有各种防范普通合伙人道德风险的机制，如无限责任、限制性合同条款和基金的存续期。在美国，普通合伙人处于分红链的末端，要等到有限合伙人收回其全部投资后才可以提取利润，这对风险投资家来说既是激励也是约束。

在我国，目前大多数风险投资机构仍以公司制为基础设立，且大都采用封闭形式。在公司制下，资本金来自股东出资，公司负责用资本金进行项目投资。这种方式的优点在于可以借助于现有的公司制法律框架，帮助出资人更好地理解盈利模式，从而筹集更多的资金，同时运行模式也更为成熟，能够保证基金规模的稳定性和投资的长期性。但采用公司制也有缺点，主要是难以解决内部人控制和道德风险问题。由于无法将经营权和所有权完全分离，容易形成大股东操纵公司的局面，表现之一就是高级管理人直接由大股东指派，缺少市场竞争环节，不但管理水平得不到保障，而且稳定性极差，常常与风险投资周期长的特点相违背。综合来看，在运营成本和代理成本都高的情况下，公司制在我国大行其道的原因有以下两点。

一是资本的性质。当前我国风险投资机构按照资金来源可以分为五种类型：一是完全由政府出资，具有明显的"官办"性质的风险投资机构，这是我国风险投资机构的主要构成部分，包括政府出资并委派管理人员的风投机构、政府出资但委托民间管理的风投机构和依附于高新技术开发区或创业园的风投机构；二是民间出资的风险投资机构，相较于第一种，这种机构市场化更强，整合资源的能力也更强；三是外资设立的风险投资机构，如光速创投、海纳亚洲、经纬创投等；四是国内上市公司出资设立的风险投资机构；五是金融机构出资设立的风险投资机构。风险投资早期被引入我国，主要是由政府发起的。即使在今天，由我国各级政府支持的创业投资企业仍占据相当大份额。由于这些投资公司基本由各级政府或国有企业出资设立，管理人员往往需要由政府官员灵活指派，因此更倾向于采用公司制。

二是我国法律框架和税收制度。我国风险投资是在相关法律环境不完善而市场对风险资本又有较大需求的情况下产生的。2003年1月，我国才正式开始实施《外商投资创业投资企业管理规定》，2007年6月，《中华人民共和国合伙企业法》才正式确认了有限合伙制这种组织形式，在此之前及之后的很长一段时间内，只有公司制的法律比较健全。相对于其他组织形式，采用公司制可以使风险资本面临最低的法律风险。

2.3 风险投资的中国之路

风险投资的起源可以追溯到19世纪末期,当时美国的一些私人银行通过对钢铁、石油和铁路等新兴行业进行投资,获得了高回报。1946年,美国哈佛大学教授乔治·多威特和一批新英格兰地区的企业家成立了第一家具有现代意义的风险投资公司——美国研究发展公司(AR&D),开创了现代风险投资行业的先河。但是由于条件的限制,风险投资在20世纪50年代以前的发展比较缓慢,真正兴起是从20世纪70年代中后期开始的。20世纪60年代以后,由于高报酬的吸引,许多资金逐渐流向风险投资领域,主要是对半导体、精密机器、软件、通信、计算机、医疗设备等高科技产业进行投资。美国硅谷高科技产业与风险投资公司的成功合作,极大促进了美国政府对风险投资事业发展的支持。1973年,随着大量小型合伙制风险投资公司的出现,全美风险投资协会宣告成立,为美国风险投资业的蓬勃发展注入了新的活力。到了20世纪70年代末期,美国政府将资本利得税由49%降至20%,引起了一股风险投资风潮。经过数十年的发展,高科技风险投资事业已经遍及了所有先进国家、新兴工业国和部分发展中国家,形成了一股推动全球高科技事业发展的巨大动力。

风险投资在美国兴起之后,很快在世界范围内产生了巨大影响。1945年,英国诞生了全欧洲第一家风险投资公司——工商金融公司。英国风险投资业起步虽早,发展却很缓慢,直至20世纪80年代英国政府采取了一系列鼓励风险投资业发展的政策和措施后,风险投资业在英国才得以迅速发展。其他一些国家(如加拿大、法国、德国)的风险投资业随着新技术的发展和政府管制的放松,也在20世纪80年代有了相当程度的发展。日本作为亚洲当时的经济领头羊,其风险投资业也开展得如火如荼。到1996年,日本的风险投资机构就有100多家,投资额高达150亿日元以上。但与美国不同的是,日本的风险投资机构中有相当一部分是由政府成立的,这些投资机构大多不是从事股权投资,而是向高技术产业或中小企业提供无息贷款或贷款担保。

风险投资在培育企业成长、促进一国经济乃至全球经济发展的过程中都起着十分重要的作用。它可以推动科技成果尽快转化为生产力,促进技术的创新,促进管理和制度的创新。除此之外,风险投资机构还可以为被投资企业提供高水平的咨询、顾问等服务。风险投资业自开创以来,数十年长盛不衰,就是因为其在现代经济中显示了强大的生命力和先进性。

我国政府意识到风险投资对企业成长的重要推动力,于20世纪80年代中期就明确提出了支持风险投资的政策并持续引导推进①。随着1985年9月第一家专营风险投资的全国性金融机构——中国新技术创业投资公司的成立,拥有政府背景的风险投资机构纷纷涌现。同时,通过"火炬计划"的实施,我国又创立了96家创业中心、近30家大学科技园和海外留学人员科技园,它们都为我国的风险投资事业做出了巨大贡献。1986年,政协"一号提案"为我国的高科技产业和风险投资发展指明了道路,为我国的风险投资业开启了新的篇章。与此同时,民间资本和外资也进入风险投资市场,但限于我国资本市场不完善的制约,我国风险投资早期发展缓慢,直至创设中小板和创业板,才获得快速发展②,募资金额从2006年的182亿美元增长到2016年的449.01亿美元③。

2.4 当前风险投资在中国面临的问题

风险投资在美国兴起之后,大大促进了美国高科技行业的繁荣,不仅带动了国内工业化生产的发展,还使其在高科技和尖端技术的发展方面在世界上保持遥遥领先的地位,为美国经济的兴起贡献了巨大力量。同其他发达国家一样,高科技风险投资事业在发展的过程中受到了美国当地政府的政策支持,并与科技产业发展策略密切结合,为鼓励资金流向高科技风险投资事业,美国政府经常会给予税收减免的优惠,同时在软、硬件投资环境与证券市场流通上,也会有很多的配套措施。

---

① 1985年3月,我国发布了《关于科学技术体制改革的决定》,其中提出"对于变化迅速、风险较大的高技术开发工作,可以设立创业投资给以支持";1986年,国家科委在科学技术白皮书中首次提出了发展我国风险投资事业的战略方针;2003年2月,国家外汇管理局联合科技部等五部门联合发布了《外商投资、创业投资企业管理办法》;2005年10月修订了《中华人民共和国公司法》,特别强调了对创业投资的企业设立形式的鼓励;2005年发布了《创业投资企业管理暂行办法》;2008年发布了《关于创业投资引导基金规范设立与运作的指导意见》。

② 根据清科集团清科研究中心发布的《中国创投暨私募股权投资市场全年数据回顾》,从1995年开始,我国风险投资进入发展萌芽阶段,2001—2005年仍然处于低迷震荡期,2006年以后进入快速上升期。

③ CVSource投中数据终端统计2016年全年国内创投市场(VC)披露的总投资金额。

中国风险投资行业的发展为创新创业企业提供了资金支持和资源整合的渠道，促进了企业快速成长，孵化了一大批优质的上市公司，如百度、阿里巴巴和腾讯等，甚至衍生出了全新的行业。但同时，对于风险资本价值的怀疑之声也不绝于耳。从早期的鼎晖投资南孚电池和俏江南、贝恩资本投资国美电器、高盛与软银赛富投资雷士照明，到欧洲最大的私募股权投资基金 CVC 投资大娘水饺等案例，风险投资家与创始人之间矛盾重重，导致企业控制权争夺和经营混乱。中国作为一个新兴市场，其资本市场兼具政策导向和经济转型的双重特征，受到行政管制等非市场竞争因素的影响，中国风险投资并不是美国风险投资的简单复制，对被投资企业乃至整个宏观经济的影响也并非如国外成熟资本市场一样显而易见。

2018 年，中国的风险投资行业面临"钱荒"和"资产荒"并存的局面。投中研究院发布的数据显示，2018 年 1 月，中国 VC 和 PE 市场有 68 只基金成立并开始募资，目标募集规模为 192.78 亿美元，其中有 47 只基金完成募集，募集完成规模为 47.9 亿美元。与 2017 年 12 月相比，2018 年 1 月的完成基金规模和开始基金规模环比分别下降了 73.03% 和 75.06%，甚至低于 2017 年全年最低数值。市场认为，造成以上募集资金不足的原因主要在于两方面：政策调整和 LP 对 GP 的信任不足。

2014 年 9 月，在夏季达沃斯论坛上，李克强总理首次提出"大众创业、万众创新"。随后市场上逐渐涌现大批资金流入创业者手中，推动了中国股权市场进入高速增长期。据中国证券投资基金业协会统计，截至 2017 年年底，已登记私募基金管理人约 2.3 万家，已备案私募基金约 7 万只，私募行业竞争出现白热化。投资机构泛滥的另一个原因是大环境宽松。2014 年，中国推行"稳健货币政策"，年末广义货币供应量 M2 余额同比增长 12.2%。此前，银行、保险、社保基金的委托外部投资处于宽松状态，从 2014 年到 2016 年，资管行业大发展，银行、保险的部分资金通过"通道业务"层层输送到股权投资市场。但这种宽松的趋势由于政策的收紧在 2017 年年底开始发生改变。2018 年 3 月 28 日，中央全面深化改革委员会《关于规范金融机构资产管理业务的指导意见》（即"资管新规"）审议通过。资管新规中明确提高了合格投资者的认定标准，个人 LP 的门槛变高；同时，资管新规限制了银行理财资金的入场，这部分资金曾经是 VC/PE 机构募集资金的主要渠道。从更广泛的角度来看，资管新规仅是"金融去杠杆"政策以及货币政策收紧链条中的一部分，风险投资行业的资金紧缩趋势不容乐观。

基金的存续期通常为"3+2+2"模式,即前三年属于投资期,中间两年为退出期,最后两年是延长期。2014年的"双创"提出至今,很多投资机构都已经进入资本退出期,开启新一轮募资显得迫在眉睫。然而,经过上一轮投资,很多LP发现在国内优质项目有限,也并不是所有风险投资家都具备足够的知识和能力来识别、扶持项目直至其成功。没有像样的项目,没有像样的回报,这些LP要么在投资之前变得谨慎,要么试图跨越GP,直接锁定项目进行投资,这样至少可以节约一笔数额巨大的管理费。

2017年,共享充电宝、无人货架以及令所有参与者都感到疲惫不堪的共享单车战局,无一不反映着投资市场的失意和争议。几乎所有VC机构都在追逐少数的几个风口,一拥而上、一哄而散。对区块链的追捧,更是"资产荒"的表现,实际上,中国并没有多少风险投资家真正了解区块链技术。在技术创新领域,优质项目稀缺的现象尤为明显,主要原因是门槛高、回报周期长、风险大,一旦证实整个技术方向有问题或者没有商业化能力,那么所有努力和资金投入都将前功尽弃。

整个市场对投资缺乏判断和思考,既是当前风险投资行业"募资难"的原因,也是中国风险投资家群体识别优质项目能力和管理企业水平不足的集中体现。不同于国外大部分风险资本运营过程中LP和GP之间有着明显的职责区分,中国的实践中普遍存在LP不断介入GP决策过程的问题。在大部分情况下,LP对基金的投资决策拥有决定权,甚至对重大投资决策有着一票否决权。出现这种现象最重要的原因还是中国风险投资机构良莠不齐,GP的素质参差不齐,LP从自身资金安全角度出发,对投资决策过程进行干预,以降低投资风险。从实践来看,中国具有专业能力,能胜任管理角色的风险投资家少之又少,还有一些风险投资家具有浓厚的圈钱意识和较高的道德风险。从当前情况来看,LP对GP的担忧不但导致了我国风险投资项目经营过程中高额的决策成本,而且已经蔓延到了资金供给端。

本 章 小 结

产业的发展离不开金融的支持,风险投资作为重要的金融模式,在当前科技创新型企业的融资中扮演着重要角色,是科技创新产业发展中必不可少的支撑。实践证明,哪里能成为风险投资的焦点,哪里就能率先掌握科技创新产业发展的命脉。美国硅谷之所以成为全球微型芯片、真空管、晶体管、个人计算机等高科技产品的发源地，在很大程度上是因为硅谷同样是风险投资机构的聚集地。苹果、微软、脸书、雅虎等家喻户晓的科技巨头，无一不是在风险投资的扶持和催化下快速成长起来的。经过三十多年的发展，无论是从资本总量，还是从机构数量而言，风险投资在中国都呈现良好的发展势头，未来还将成为推动科技创新领域发展的重要力量。

本书从中国经济建设的实际情况出发，围绕风险投资推动企业成长的内在机理展开详细研究，重点关注中小企业融资、股票市场效率、风险投资声誉等问题，进而深入理解风险投资作为资金提供者和资源连接者在科技创新生态系统中的角色发挥。

第3章 相关理论与文献综述

3.1 理论基础

3.1.1 资源基础理论

根据资源基础理论的观点,企业是资源的集合体(Penrose,1959),一个企业内部的独特资源是其竞争优势的主要来源,包括企业内部的组织能力、知识和资源的积累等(Wernerfelt,1984;Barney,1986;Dierickx et al.,1989)。

最早,Selznick(1957)认为,由于不同组织具有不同的成熟度和环境,因此其能力各不相同,即"各企业所具有的资源具有异质性",并且组织领导具有构建和维持组织持久竞争优势的责任。随后,Penrose(1959)在其《企业成长理论》一书中,首次利用经济理论探讨了企业资源与企业成长之间的关系,认为资源和能力构成了企业经济效益的稳定基础,使前期观点得到了经济理论支持。

尽管早期研究明确了组织资源的重要性,但资源基础观直到20世纪80年代才形成,由此学者们的研究焦点开始从组织外部转向组织内部。20世纪90年代,一些战略管理者开始试图将企业资源同厂商理论联系起来。Grant(1991)首次将资源基础观理论化,Conner(1991)认为资源基础理论是融汇了战略管理过去四十多年的研究精华之后的成果。之后许多管理学家开始着重研究企业资源,并取得了一系列成果。

资源基础理论强调资源具有差异性,关于其来源,学者们形成了不同的观点。

Barney(1986)认为企业可以从市场中购买到战略所需要的资源,因此提出"战略要素市场"的概念。如果战略要素市场是完全竞争的,那么资源成本与资源的经济价值则相差不多,资源无法给企业带来超额经济利润。但是,一旦不同企业对战略资源的未来价值产生了预期差异,则战略要素市场就是不完全竞争的。此时,哪个企业能够准确预测战略资源的未来价值,哪个企业便能够在获取资源、实施战略的过程中获得超额利润。与之相反,Direckx et al.(1989)认为企业资源具有不可交易性,即不可从要素市场获取,只能靠内部积累。

并非所有的资源都可以成为企业竞争优势的来源,Barney(1991)认为资源包括企业控制的所有资产、能力、组织过程、企业属性、信息和知识等,在判断一项资源能否为企业提供可持续竞争优势的时候应该考察其是否具有价值性(value)、稀缺性(rareness)、不可模仿性(imitability)和不可替代性(nonsubstitutability),即应该按照他提出的 VRIN 模型来判断。虽然 Barney 为我们提供了一个基本的研究框架,但资源基础理论还强调,组织应当如同调节器一样,在企业运营环境发生不可预期的变化时,帮助企业快速、低成本地调整战略方向。企业所处的环境不确定性越大,保持灵活性的重要程度就越高。随着企业的发展,对于资源和能力的界定在不断发生变化,一些曾经没有被纳入资源基础理论范畴的资源和能力也会因为符合经济社会发展而逐渐被纳入其中,成为企业竞争优势的来源。

3.1.2 资源依赖理论

在全球化和信息化作用下,企业有效获取并整合外部资源已经成为影响持续竞争优势的重要因素(Bierly et al.,2009)。通过企业嵌入的关系网络,企业可以获取各种能够提高企业竞争力的优势资源(Rowley et al.,2000)。因此,企业只要对所需资源具有可得性,而不一定必须拥有,就可以获得持续竞争优势。也就是说,企业的竞争优势不应局限于企业内部资源积累,而应同时考虑内部资源和外部资源的相互搭配(Maritan et al.,2011)。

从 20 世纪 60 年代开始,组织理论开始关注外部环境对企业的影响,形成开放系统模式研究,资源依赖理论由此被集中研究。Pfeffer et al.(1978)将公司看作一个开放系统,需要依赖外部环境。他们假设没有任何一个组织是自给自足的,组织为了生存必须与其所处的环境进行交换。与资源基础理论中对内部资源的界定较为一致的是，Pfeffer和Salancik认为组织对外部环境的依赖性取决于所需资源的稀缺程度和重要性。

资源依赖理论认为资源的交换是联结组织和外部环境的纽带。Ulrich et al. (1984)经过对前期观点进行总结，提出资源依赖理论隐含了以下基本假设：一是组织由内、外两部分构成，是一个综合体；二是外部环境中存在着对组织有价值的稀缺性资源；三是组织通过获取对资源的控制权，与外部环境之间相抗衡，一方面不断降低组织自身对外部环境的依赖程度，另一方面凭借着对资源的控制权，增强外部环境中其他组织对自己的依赖程度。虽然组织受到外部环境的约束，但是管理者能够采取行动降低对外部资源的依赖程度。在整个过程中，对资源的控制权发挥了关键作用。

资源依赖理论概括来讲就是，当组织经营所需资源与自身资源存在缺口时，组织可以从外部获取资源，以加强自身核心能力的构建。资源依赖理论关注组织与外部环境之间的和谐，强调组织对外部资源的依赖性。实际中，组织常常受制于自身资源的局限，不得不同其他组织合作，从而保证能够稳定地获取资源。

3.1.3 人力资本理论

最早，Adam Smith在 *The Wealth of Nations*（《国富论》）中提出："全体国民后天取得的有用能力，都应当被视为资本的一部分。"他建议由国家"推动、鼓励，甚至强制全体国民接受最基本的教育"（Smith, 2004）。如同其他大多数投资一样，人力资本可以通过私人追求利益而进行的目的性投资行为来获得。尽管Adam Smith的论述并没有明确指出人力资本的概念，但已经基本归纳出了后期理论关于人力资本的主要特征。John S. Mill在其所著的《政治经济学原理》一书中强调，个人所具备的能力应当同工具和机器等生产资料一样成为国民财富的一部分。并且他还指出，教育支出将带来国民财富的大幅提高，因此应同重视其他公共事务的支出一样重视对教育的支出（Mill, 1901）。同样认识到人力资本价值的还有Alfred Marshall，他在《经济学原理》一书中指出，所有资本中最具有投资价值的是对人的投资（Marshall, 1986）。

人力资本概念真正引起人们注意的情况发生在20世纪50年代，起因是人们发现按照传统经济学理论,许多"经济之谜"并不能被合理解释。例如,按照传统经济学理论,工人的工资不太可能提高,而西方国家工人的工资水平却经常出现大幅提高。在这种情况下,Theodore W. Schultz 在 *Investment in Human Capital* 一书中指出,之所以会出现这些"悖论",是因为传统经济学理论研究中遗漏了人力资本这一重要生产要素(Schultz,2004)。作为人力资本理论的奠基人,他认为:人力资本的取得是以消耗金钱和其他稀缺资源为代价的;人力资本对现代国民经济增长和国民收入增加的作用大于物质资本和劳动者数量提升的作用;人力资本投资的关键在于教育;在进行人力资本投资决策时,应权衡成本与收益。与 Schultz 的研究不同,Gary S. Becker 在 *Human Capital* 一书中,从微观角度进行分析,将人力资本投资理论与收入分配相结合(Becker,1964)。类似的研究还有,Jacob Mincer 在《人力资本投资与个人收入分配》一文中首次建立数学模型研究个人所接受培训数量与收入之间的关系(Mincer,1958)。20 世纪 80 年代,Raul M. Romer(1986)的 *Increasing Returns and Long-Run Growth* 和 Robert E. Lucas(1988)的 *On the Mechanics of Economic Development* 开启的新经济增长理论将对知识和人力资本的投入加入古典模型的生产函数中。其中,Romer 的研究将技术内生化,而 Lucas 则是将原来外生的技术进步转化为内生的人力资本进行研究,将新经济增长理论与人力资本理论进行有机结合。

3.1.4 政治市场理论

经过 20 世纪 30 年代西方经济的大萧条,凯恩斯的经济理论和经济政策开始盛行,凯恩斯强调国家在经济中的干预作用,进一步加强了企业与政府之间的关系。第二次世界大战以后,为了协调并发展市场经济,西方国家开始重视国有企业在经济发展中的作用,通过对国有企业的控制对市场进行干预和诱导。企业也越来越意识到,政府与企业之间除了管理与被管理的关系,还需要相互依存。政府与企业之间有共同关注的问题,如全球市场上的竞争、劳动力转移、能源问题、知识产权问题等。

作为主要利益团体,企业通常希望参与到政府政策的制定过程中。Epstein(1980)将 1970 年之后研究政企关系的文章分为五种类型:政企关系模型、企业的政治思考、政府对企业的政治影响、企业领导者的政治意识和政治选举过程中的企业行为。类似地,Shaffer(1995)也归纳总结了有关政企关系的研究,并将利益团体多元化、组织理论、公共选择理论等作为主要理论基础进行探讨。除了政企关系,企业政治行为(试图直接影响政府政策或政治过程的复杂行为)也是政治市场理论研究的焦点,与政企关系研究不同,政治行为理论主要关注企业为什么以及如何参与政治决策,对企业政治行为的研究目前已经成为企业管理学术领域和实践者的一个重要课题。

在发达的市场经济国家,各种公共政策和法规的出台离不开社会各界利益团体之间的权力争斗和利益平衡(Shaffer,1995)。而对于政治制度、法律尚未健全的发展中国家来说,政治资源在政策制定过程中的影响力更不容小觑。中国经过数十年的市场经济改革,一方面,培养出了大批既拥有资本又拥有管理才能的精英团体——民营企业家,另一方面,政治官员也学会了如何利用市场,将自己所拥有的政治特权向市场特权转化(Szelenyi et al.,1987)。与此同时,受制于我国政治体制改革仍在进行中,还不能充分依靠市场经济相关政策推动资源的合理分配。因此,在这种不稳定的制度环境下,政府对企业,尤其是对民营企业的影响有可能会产生两种截然不同的倾向:一是向企业伸出援助之手,帮助企业解决当前政治体制不能完全反映和解决的问题;二是向企业伸出攫取之手,以权力换利益。无论政府采取何种态度,企业所有者和管理层都不会被动地等待政府法规或政策的出台并接受其约束,他们会通过政治关联对政策制定者和实施者施加影响或进行利益交换(张维迎,2001)。总体而言,在中国,企业不仅要面对市场经济场景,还要面对以政府和政治为主导的"非市场经济"场景。

3.1.5 社会资本理论

社会资本理论起源于社会学。基于社会资本的观点,社会如同一个系统,容纳了各种相互交错和平行的网络,组织或个体在社会网络中所处的位置和社会行为将会极大影响组织的发展。

Bourdieu(1992)首次将社会资本的概念引入社会学领域进行研究。他认为,社会资本是现实或潜在的资源集合体,社会资本的拥有量或多或少与拥有者的身份有关。首先,社会资本是一种资源,它为拥有者带来的利益与其个人能力有关;其次,社会资本与当前制度的社会网络关系相关,个体或团队成员通过身份所获得的权利调动或利用网络中的资源。

不同于 Bourdieu 从个人角度阐述社会资本,Coleman(1988)从社会结构角度对社会资本进行阐述,从功能上定义了社会资本。他认为,社会资本与人力资本、物质资本构成资本的三种形态。同另外两种一样,社会资本是生产性的,决定了个人或团体能否实现既定目标。物质资本存在于各种生产资料中;人力资本存在于个体的知识和技能中;社会资本存在于社会个体之间的关系中,既不依附于某个独立个体,也不会存在于物质生产过程中。根据 Coleman 的阐述,社会资本分为五种表现形式:义务与期望;嵌入社会关系的信息网络;规范与有效惩罚;权威关系;多功能社会组织和有意创建的社会组织。

Portes(1995)将社会资本的概念上升到社会结构层面,他将社会资本界定为"个体凭借成员身份在网络或广泛的社会结构中获取稀缺资源的能力,这种能力是人与人关系中包含的一种资产,是嵌入的结果"。Granovetter(1985)将这种"嵌入"区分为理性嵌入和结构性嵌入,两种嵌入的区别在于网络规模的大小。

除了社会资本的来源问题,学者还对社会资本的影响进行了讨论。Adler et al.(2002)指出社会资本对行为者、团队、组织或社区的价值实现既有积极作用,也有消极影响。积极作用主要体现在:第一,社会资本有助于行为者获取信息,主要表现为拓宽其信息来源及提高信息的准确性和及时性;第二,社会资本有利于提高个人、团队或组织的影响力和控制力;第三,社会资本可以使网络成员之间产生凝聚力,进而能够促进团体目标的实现。与这些积极作用同时存在的是一些消极影响:第一,过量资源的投资用来构建和维护社会关系;第二,过度嵌入导致创新思维受到束缚;第三,限制决策自由。

由于社会资本的积极作用和消极影响并存,因此越来越多的社会资本理论研究开始考虑不同情境因素下,社会资本效用的大小。在本书的研究中亦是如此。

3.2 风险投资家的作用机制和渠道

现有文献较少落实到风险投资家这一层面,大多数是对风险投资机构的研究。虽然风险投资家不能等同于风险投资机构,但二者在影响企业成长的过程上具有统一性,并且很多风险投资家的资源实际上是以风险投资机构的资源这种形式呈现的。因此,理解风险投资(机构)作用于企业成长的机制和渠道有助于理解风险投资家个人特征对这些机制、渠道的影响,有助于进一步解释风险投资家个人特征如何作用于企业成长。

3.2.1 回报激励机制

风险资本是指那些对私人高成长性企业进行权益资本融资的专门资本(Gompers et al.,2000)。相较于银行债务融资,风险投资一是允许创业企业自身投入更少的抵押品,降低获得融资的资本要求(Ueda,2004),二是通过高边际回报激励了投资方为创业企业提供增值服务(De Bettignies et al.,2007;Korteweg et al.,2016)。

好的投资策略促使优秀的风险投资公司或基金管理者取得高回报率,进而赢得声誉。风险投资公司对策略的不同选择往往显示其内在的投资偏好。一些观点认为,创业企业创始人和管理团队的能力是风险投资决定是否投资的要点。创业企业经营者毕业于顶尖大学、其民族与投资方相似、与投资方有间接的人际关系等"社会资本"会增加投资的可能性(Bengtsson et al.,2010;Shane et al.,2002)。而另一些观点认为,好的创业思路、潜在的商机才是风险投资方考虑的首要因素(Kaplan et al.,2009)。并且相较于中后期,早期项目投资收益明显较高(Manigart et al.,2002)。除了微观层面的投资偏好,实证研究发现风险投资回报率的高低和其所承担风险的大小具有正相关性。

不同于其他资产管理行业的管理者,风险投资的基金经理在投资表现上经常具有连续性。决定投资者是否再投资的关键因素是风险投资公司基金管理者的历史表现,特别是在双方合作的第一只基金时的表现(Kaplan et al.,2005)。之前在其他风险投资公司表现好的基金经理即使是在自己独立创立一只基金的时候,由于专业和经验水平更高,拥有大量的项目来源和很好的创业者网络,他们仍会有很好的表现(Zarutskie,2010)。

基于中国风险投资回报率的研究发现,风险投资退出回报率有明显的地域差别,上海、深圳等高科技产业和金融市场发达地区的风险投资退出回报率显著高于其他地区(向田田,2015;倪正东 等,2008;钱苹 等,2007)。除了地域因素,风险投资项目特性(投资期限、投资规模和退出方式)、风险投资机构(股权性质、投资经验、资本规模和组织结构)、被投资企业(发展阶段和所处行业)也会影响风险投资的退出回报率。另外,同国外研究一致,投资处于早期阶段的项目更有可能获得较高收益(周莉 等,2012),但关于行业、投资期限、投资规模等其他因素对回报率的影响,国内外研究并没有达成一致结论。

总体来说,目前关于风险投资回报的实证研究十分有限,原因在于风险投资机构不存在对外披露信息的义务,这就造成了获得实证分析所需数据的难度较大。内部收益率(IRR)法是目前最常用的测算投资回报率的方法,中国风险投资的回报率如何,是否足以激励风险投资家为企业成长提供足够的增值服务还需要进一步研究。

3.2.2 认证作用

上市公司和投资者作为资本市场的重要参与者,两者之间一直都存在着信息不对称问题,因此第三方认证在资本市场中具有重要价值。由于风险投资经常参与IPO,非常注重自身的声誉,因此其能够发挥第三方的认证作用(Megginson et al.,1991)。之后,很多学者针对这个问题进行了大量研究,但结论却大相径庭。

有些学者的研究支持风险投资认证假说。基于美国市场、新加坡市场、香港创业板市场,这些学者的研究认为有风险投资参与的公司在IPO时发行价格更高、抑价率更低(Lin,1996;Wang et al.,2003;唐运舒 等,2008;Nahata,2008;Arikawa et al.,2010),并且在IPO后具有更好的运行效率(Jain et al.,1995)。

然而有些学者的研究却发现风险投资不具有认证作用,主要涉及1978—1987年的美国市场、英国Tech市场、德国Neuer市场、法国Nouneau市场及日本市场,在这些市场中均没有发现风险投资能够降低IPO抑价(Barry et al.,1990;Brave et al.,1997;Lee et al.,2004;Rindermann,2004)。进一步地,还有学者认为使用不同的统计方法、在不同时间段研究风险投资对IPO抑价的影响,所得出的研究结论不尽相同,因此风险投资不会对IPO抑价产生显著影响(Gompers et al.,1998)。

关于风险投资在我国IPO市场上的认证作用,国内研究学者也存在分歧。一些文献支持认证作用(张学勇 等,2011;李玉华 等,2013;董静 等,2015),而更多的是否定认证作用(张丰,2009;寇祥河 等,2009;陈工孟 等,2011;胡志颖,2015)。

综合以上研究发现,大多数文献选择使用IPO抑价率作为判断是否存在认证作用的依据,得到的结论存在不一致性。本书认为,存在不一致性的原因有以下两点:一是不同市场在经济环境、发展阶段等方面具有差异性,从而引起风险投资机构和投资者的行为差异;二是风险投资家的个人特征决定了其投资动机差异。这些问题都需要进一步加以研究。

3.2.3 逐名效应

根据风险投资"逐名"(grandstanding)效应假说,风投公司融资的难易程度与其声誉高低相关,年轻的风投公司会急于将旗下的企业尽快上市,以博得声誉,并为旗下其他基金筹集新资金(Gompers,1996)。提早上市需要以 IPO 抑价为代价,从而风险投资参与会提高 IPO 抑价率。一些学者的研究认为有风险投资支持的公司 IPO 抑价率高于没有风险投资支持的公司,而且较高的抑价率能够吸引未来较多的资金流入风险投资基金,以此验证了逐名效应假说(Francis et al.,2001;Lee et al.,2004;Elston et al.,2010)。因此,从这些结论来看,风险投资的逐名效应与认证作用是相对的。如果风险投资支持的企业 IPO 抑价率更低,则表现为认证作用,反之,则为逐名效应。但是,也有学者认为认证作用和逐名效应在现实中都存在,只是存在于不同的风险投资模式制度背景下(Chahine et al.,2007)。

除了 IPO 抑价率,风险投资在逐名效应的驱动下还可能影响企业关键节点的会计信息和未来长期业绩。企业在申请上市时,需要提交近期财务信息资料,此时风险投资推动企业上市以成功退出的利益需求与企业高管层保持一致,有风险投资支持的企业就有可能强化盈余管理。在 IPO 公司运营进程中,风险投资会要求企业在上市的当年报告出较好的会计盈余,来满足市场的预期。此外,在 IPO 以后,风险投资积极谋划退出市场,为了创造有利的市场退出时机,会对企业信息处理进程进行管理,同样存在盈余管理动机。IPO 盈余管理带来的后续期间应计转回会造成企业市场业绩下降(Teoh et al.,1998;Du Charme et al.,2004)。另外,逐名效应导致的上市企业不成熟问题也是导致企业上市后长期业绩走低的重要原因。

整体而言,我国的风险投资行业起步较晚,大部分风险投资公司还处在建立声誉阶段。2009 年创业板的建立为我国风险投资通过 IPO 方式退出提供了重要通道。创业板的财富效应也造就了侧重 Pre-IPO 投资、旨在迅速赚取收益的新一代风险投资(陈友忠 等,2011)。因此在我国,风险投资行业有强烈的动机推动企业成功上市。有风险投资支持的公司在 IPO 时和风险投资退出之前的盈余管理程度要高于无风险投资支持的公司,但其 IPO 后长期市场业绩要低于无风险投资支持的公司,并且 IPO 时盈余管理程度越大,IPO 后的长期业绩就越差(蔡宁,2015)。另外,从市场定价或抑价率角度来看,部分研究认为 IPO 时我国风险投资的相关行为具有突出的逐名效应(陈工孟 等,2011;贾宁 等,2011)。

逐名效应或许是我国风险投资区别于国外风险投资最明显的特征之一。受情绪主导的资本市场上,声誉的作用被放大,刺激风险投资机构做出过多的逐名行为,大大阻碍了风险投资价值的正常发挥。但目前基于国内风险投资市场的逐名效应研究还有很大不足,一是缺乏对逐名动机与风险投资背景相关性的研究,二是对逐名效应后果的研究还有待扩充。

3.2.4 资金支持

风险投资是股权投资的一种,主要通过改变被投资企业股权结构的方式对其进行注资。风险投资在提供资金的同时,会在投资协议中通过契约约定注资的方式和控制权的分配,如多阶段投资、联合投资、反稀释条款等。这些契约使风险投资对创业企业的资金支持意义超越了其他融资方式。

① 多阶段投资。多阶段投资的优点是能有效控制代理成本和投资风险(Gompers,1995)。在某种程度上,多阶段投资可以代替一定的监督管理作用。研究发现,风险投资公司和创业企业之间距离越远,投资的阶段就越多。同时,远距离项目中投资阶段越多,风险投资退出的表现就越好(Tian,2012)。多阶段投资的缺点是在后续投资中可能产生既定投资者与潜在投资者之间的争议和利益分歧。在创业企业议价能力较强(Bienz et al.,2011)、所在国法律环境较好时,多阶段投资更为常见。

② 联合投资。联合投资的优点在于不同投资方之间具有审查能力和增值服务能力的互补作用,更有可能成功退出,并发挥出更优的绩效(Chemmanur et al.,2011;Tian,2012;Bottazzi et al.,2008;Wang,2016)。此外,参与联合投资的风投机构一般具有较广泛的关系网络(Hochberg et al.,2007),可以促进外部融资。联合投资的缺点在于存在"搭便车"现象,当其他投资者都投某一项目的时候,有些投资者就会跟风,如果有人不投入精力而只想坐享其成,就会导致最后集体的收益降低(Cestone et al.,

2007;Bottazzi et al.,2008,2016)。当联合投资中合作者质量相当(Cestone et al.,2007)或位于同一社会网络(Sorenson et al.,2001)时,由于其避免了"搭便车"现象,且具有更强的凝聚力以阻碍新进入者(Hochberg et al.,2010),往往风险投资更为成功。

基于我国市场的研究倾向于,只有高持股比例、高声誉、联合投资或非国有背景的风险投资机构才能够显著改善外部融资环境,缓解现金短缺公司的投资不足问题(吴超鹏 等,2012)。另外,我国还有很多学者研究了风险投资的估值问题,涉及对初创企业估值方法的比较、多阶段投资的企业估值方法、处于不同成长阶段的企业的估值方法等(陈一博,2010;杨青 等,2004;魏清,2013)。通过对中国大陆1994—2008年风险投资事件数据的实证研究发现,与美国市场类似,中国风险投资市场存在"货币追逐交易"现象,即资金流入会显著影响投资估值,但与成熟的美国市场不同的是,资金流入对企业估值的影响在企业的不同发展阶段、不同地区没有显著差别(Gompers et al.,2000;周翔翼 等,2013)。

本书认为,在风险投资提供资金支持的过程中,对创业企业带来的外部融资促进作用是风险投资认证作用的直接体现,而风险投资家在认证作用中应当起着核心作用。另外对风险投资公司而言,对投资项目进行准确的估值,既是投资盈利的保证,更是控制投资风险的关键。对企业而言,估值的高低是企业创始人与风险投资家之间相互博弈的结果。

3.2.5 监督治理

大多数学者认为风险投资的介入能够提高被投资公司的治理水平,进而增加经营绩效和企业价值。主要表现在,风险投资在进入被投资公司董事会后,可以优化其决策过程,并在CEO更替时,增加自身董事数量以增强监督力(Lerner,1995)。另外,风险投资行为具有"外部性",在监督和约束管理层行为、维护自身利益的过程中,客观上也改变了与风险投资机构具有一致利益的中小投资者的利益。风险投资已经成为一种调整组织结构的公司治理机制(Hochberg,2012)。支持风险投资具有强化公司治理作用的学者通过实证研究发现,有风险投资介入的公司相较于没有风险投资介入的公司,有着更优的治理结构和机制,董事会独立性更强(Lerner,1995;Gompers,1995;Suchard,2009;Hochberg,2012)。尤其是在被投资公司IPO时,风险投资可以很好地监督管理层行为,使 IPO 当年的超常应计更低,同时较低的盈余管理也能部分解释风险投资所支持的公司 IPO 后相对更好的市场业绩(Morsfield et al.,2006)。但也有学者持相反观点,认为风险投资只会追求自身的投资利益,不仅无益于被投资公司的治理改善,相反还会与管理层"合谋",共同侵害中小投资者的利益。

风险投资影响公司治理的一项重要途径就是特殊条款的签订。为了保证投资机构自身利益,风险投资家往往会在与创业企业签订的合约中引进特殊条款。合约条款是否能避免道德风险?对可转换优先股条款的研究最多。最优的可转换优先股条款使得只有创业企业尽最大努力实现股东权益最大化时风险投资才会转股(Schmidt,2003)。此外,哪些因素将影响合约内容?能力更强的投资者被认为更少地使用价格下行保护条款(Bengtsson et al.,2011),复杂契约在英美法系国家使用率更高(Kaplan,2007)。

学者们通过对我国风险投资市场的调研和对创业板数据的研究发现,在众多契约条款中,管理参与、股权回购、对赌协议、反稀释和竞业禁止五种条款被使用的频率最高,尤其是对赌协议,其被使用的频率远高于创业板公开数据。多阶段投资和使用对赌协议对被投资公司的净资产回报率、销售回报率以及净现金流占总资产之比三项指标有正向作用(刘子亚 等,2015)。此外,在我国,风险投资对被投资公司治理的作用被认为与风险投资的特征有关。有外资背景的风险投资支持的公司,其治理结构要优于无外资背景的风险投资支持的公司(张学勇 等,2011;王会娟 等,2012)。由于外资风险投资机构存续时间更长、实力更强、经验更丰富,因此可以推测成熟的风险投资机构更重视被投资公司的治理状况。另外,政府背景的风险投资机构没有体现显著的监督作用,而私人背景和外资背景的风险投资机构能更好地改善企业的信息不对称程度,并向外部投资者传递真实信息(姬新龙 等,2016)。

通过以上分析,可以发现风险投资家控制的风险投资方有足够的动机参与公司治理,但是我国的风险投资家促进创业企业加强公司治理的能力还有待提高。另外,从实际情况来看,风险投资契约是涉及风险投资公司与被投资企业各自权利、义务的制度安排,风险投资家参与管理实际上很多是通过风险投资契约来实现的。反之,管理参与也是最重要的契约条款设置,对被投资企业的影响最全面,包括被投资企业的业务经营、公司战略和公司治理等。

3.2.6 资源提供

超越传统融资职能的增值作用被认为是风险投资机构区别于其他金融机构的重要特征(Hellmann et al.,2002)。风险投资的参与为企业成长带来了新的资源、能力,甚至将导致组织发展方向的调整。增值作用的发挥,一部分靠风险投资机构对被投资企业的监督治理,另一部分靠风险投资机构向被投资企业转移自身资源。这些资源如下所述。

① 投资和管理经验。许多风险投资机构往往会花大量的时间在其投资的企业中,提供专业化建议,执行监督治理职能,为企业筹措更多的资金,或者帮助企业进行招聘和战略分析(Sahlman,1990;Gorman et al.,1989;Kaplan et al.,2001)。通过调查欧洲风险投资案例数据发现,风险投资经理如果在成立风险投资机构之前有过创业经历、管理者经历或咨询行业经历,则更有可能成为一个能够为创业企业提供增值服务的投资者。对美国硅谷企业数据的分析也发现,有风险投资背景的企业具有更专业的人力资源政策,针对市场营销和销售人员的招聘技巧更为专业,以及更多地使用股票期权(Hellmann et al.,2002)。

② 社会网络资源。随着社会学研究向公司金融领域渗透,越来越多的研究开始关注风险投资的社会网络问题。对于经济个体来说,其所在的关系网络将影响其行为特征(Granovetter,1985)。风险投资机构拥有的网络资源经常对被投资企业的重大决策起着关键作用。例如,风险投资机构的网络资源会影响"技术型"新创企业的商业化方向。获得风险投资支持的企业更倾向于采取加强组织间合作的战略,如建立战略联盟、授权技术转让等(Hsu,2006)。除了凭借自身经验,风险投资机构可以以信息中介的身份为被投资企业提供社会网络中的信息,降低成长型企业寻找优秀合作伙伴的成本(Aoki,2000;Gans et al.,2002)。风险投资机构的网络资源还会影响风险资金的退出方式。通常认为对于投资双方,成功的退出方式是企业成功上市或者被其他企业收购。研究表明,风险投资机构在网络中的位置越中心,则越有利于其投资的企业顺利上市,同时社会网络与退出表现具有正向关系(Hochberg et al.,2007)。采用收购方式时,若交易双方被同一家风险投资机构支持,则相互之间信息不对称的程度更低,便能降低交易成本,使收购方获得更高的收购宣告效益(Gompers et al.,2009)。

站在风险投资机构利益的角度,共同投资产生的关系网络使信息交流、资源共享更容易,有助于风险投资机构更好地筛选和管理投资项目,甚至使远距离、跨行业投资成为可能(Sorenson et al.,2001)。但研究同时发现,社会网络具有一定的排他性,尤其是当社会网络内的风险投资机构依靠联合投资产生更强的社会网络时,很难有新进入者进入本地风险投资市场,除非能与社会网络内的风险投资机构建立紧密联系并受其邀请进入,但无论是邀请者还是被邀请者,都会面临被网络内部其他风险投资机构合谋赶出的威胁(Hochberg et al.,2010)。享受高凝聚力社会网络的好处是网络内部人可以通过为投资项目估更低的值来获利,但这样做显然不利于被投资企业获取最有价值的风险投资。

③ 声誉。学者们广泛认为,声誉对于金融中介来说是最重要的,对风险投资机构来说尤为重要,其声誉的判断依据往往涉及风险投资机构的年龄、投资案例的数目、投资轮次等。创业企业在寻找风险投资时,声誉被当作一项重要内容进行考虑。因为风险投资机构的声誉高不仅意味着其拥有更成功的投资记录、帮助企业成长的能力更强,还意味着被投资企业可以借其声誉间接被市场和潜在合伙人认可,帮助自己实现战略目标。研究证明,企业被声誉越好的风险投资机构投资,其上市的可能性越大,并且在 IPO 时募集到的资本越多(Hsu,2006;Nahata,2008)。另外,风险投资机构也十分重视自身的声誉,因为声誉不仅关系到其能否获得有价值的创业项目的青睐,还关系到自身的发展。研究显示,声誉越好的风险投资机构越不容易被控诉,而经历过诉讼的风险投资机构相对筹集到的资金更少,投资的交易更少,在后续交易中找到联合投资伙伴的机会也更少(Atanasov,2012)。

与国外研究结论较一致,我国风险投资也存在对创业企业进行资源输出的现象,但我国大多数学者将风险投资的资源提供和公司治理一起纳入"价值增值作用"范畴或"非资本增值服务"范畴中进行研究(王力军 等,2016;蔡宁 等,2015;刘冰 等,2016)。涉及的主要资源包括:一是人力资源。风险投资除了能帮助企业建立商业关系、雇佣合适的员工,还能向劳动力市场提供可靠信号,有利于企业获得潜在员工(王瀚轮 等,2011)。二是网络资源。风险投资可以利用网络关系帮助创业企业建立技术联盟(龙勇 等,2011)。但也有学者认为,风险投资机构的社会网络对企业来说是否是一种"资源",还应取决于实际情况。例如,社会网络带来的信息优势将影响风险投资对被投资企业产生的作用,风险投资的网络中心度越高,越有可能抑制投资不足,但也推动了企业的过度投资(蔡宁 等,2015)。三是声誉。与国外研究一致,国内风险投资成功退出率与风险投资机构声誉呈正相关性。有学者认为,相较于对企业董事会独立性和监督治理作用的提升,风险投资对董事会社会资本的提升作用更重要,它可以提高企业的声誉、合法性,并缓解企业面临的资源约束压力(刘奎甫 等,2016)。

目前,国外学者已经意识到经验、社会网络和声誉等风险投资机构拥有的资源对创业企业培育和风险投资行业自身发展的重要意义。近年来,*Journal of Finance*、*Journal of Finance and Economics* 等金融学顶级期刊也在陆续刊登有关风险投资声誉、社会网络等内容的文章。通过深入的研究,国外学者得出了许多有意义的结论。但我国关于风险投资提供资源方面的研究还相对比较粗浅,一方面是创新性研究数量较少,另一方面是研究的深入性不够。

3.3 风险投资家人力资本价值

现有文献中,诸多学者围绕风险投资机构的差异展开研究,试图回答"什么样的VC才是好VC"。例如,有学者发现:企业背景的风险投资更有利于被投资企业创新能力的提高(Chemmanur et al.,2014;Tian et al.,2014);银行背景的风险投资在帮助企业进行外部融资方面具有天然优势(Mayer et al.,2005;Hellmann et al.,2008;Fang et al.,2013);有外资参与的风险投资比没有外资参与的风险投资更能促使企业积极地进行研发投入和公司治理,进而为企业带来更低的 IPO 抑价率和更高的股票市场长期回报率(张学勇 等,2011;Humphery-Jenner et al.,2013;许昊 等,2015)。

然而,风险投资是一项人力资本密集型投资,其业绩与风险投资家的人力资本密切相关。虽然风险投资的成功率非常低[①],但部分风险投资机构却能够经常连续地保持超前基金业绩,即前期表现优异的风险投资机构在成立一只新的基金时,更有可能再次获得高于行业平均水平的回报率(Kaplan et al.,2005;Hochberg et al.,2014)。甚至有学者发现,这种业绩的连续性不仅在机构层面存在,在风险投资家个人层面依

---

① 研究表明,风险投资行业中 85% 的收益来源于 10% 的投资(Sahlman,2010)。2001—2012 年,中国 VC 市场进行的风险投资事件以 IPO 方式退出的概率约为 27.6%(根据 CVSource 数据库数据整理)。

旧成立。即使是同一风险投资机构中的不同风险投资家也有着迥异的投资风格和退出方式,其历史业绩与未来业绩之间显著相关(Ewens et al.,2015)。为了进一步明确成功因素的来源,Ewens et al.(2015)考虑同一风险投资家在不同风险投资机构之间流动的情况,发现风险投资家人力资本对投资绩效的解释能力远高于风险投资机构组织对投资绩效的解释能力,进而证实了风险投资家才是风险投资发挥作用的本质基础。

3.3.1 风险投资人力资本划分

关于风险投资人力资本,国外学者研究较多。Dimov et al.(2005)、Zarutskie(2010)把关于风险投资家的人力资本划分为一般人力资本和特殊人力资本,Franke(2008)、Patzelt(2009)进一步把一般人力资本定义为拥有的工商管理类的教育经历,把特殊人力资本定义为拥有的创业经历和管理经历。

我国学者根据国外的研究,把风险投资人力资本依据教育和经验背景划分为一般人力资本和特殊人力资本两类,认为一般人力资本包括经管和理工类学历背景、海外工作或学习背景,特殊人力资本则包括金融、咨询和创业经历背景(李严 等,2014)。还有学者超出人力资本范畴,将更具一般性的风险投资家的个人特征分为两类:一是"标签背景",即风险投资家的外部特征,包括年龄、教育背景、工作背景和行业经验等;二是内部特征,包括个性、兴趣爱好、品质等。一般来说,内部特征更持久,不容易变化,而风险投资家的内部特征却是不可观察的(张丰 等,2009)。

在所有个人特征中,风险投资家拥有的网络资源和声誉是两种较为明显的人力资本。关于网络资源,Florida et al.(1988)描绘了风险投资家的四层相互重叠的网络:第一层网络提供资金,包括风险投资机构中的投资者以及其他与风险投资机构有来往的投资者;第二层网络可用来寻找潜在投资机会,是由以往成功的创业企业家、部分风险投资家、律师、会计师与大机构团体和大学结成的网络联系;第三层网络提供与特定行业或职业的联系,包括律师事务所、会计师事务所、市场研究公司和咨询公司等职业服务机构;第四层网络的主要作用在于为风险企业提供管理人员和具有其他技能的人员,如过去的投资对象、猎头公司和值得信赖的同行等。Sapienza(2000)在此基础上添加了第五层网络——主要提供撤资服务的网络,包括证券包销商、律师、资本市场专家、银行家及意欲购买企业的企业家。

　　风险投资家的声誉主要基于其从业的经验、人脉关系、所掌控的资本规模和以前的案例(特别是其培育的企业 IPO 的个数)而形成。不同的研究者选择不同的方法衡量和量化风险投资家的声誉,有研究者就这一问题本身进行了对比,试图在诸多度量方式中找出最合理的指标。

　　当前关于风险投资家个人特征的研究并不多见,更多的是关于风险投资人力资本的研究。人力资本与风险投资家个人特征内容虽有重叠部分,但二者并不完全相同,主要体现在人力资本等同于资金资本,更加泛化,而风险投资家个人特征则涉及风险投资家的资源禀赋和行为偏好,更加具体。

3.3.2　风险投资家人力资本与投资策略

　　在我国,风险投资机构的投资决策常常是由风险投资家组成的高层管理团队决定的,风险投资家的决策能力在决策过程中发挥着重要作用(Hambrick et al.,1984)。风险投资家的决策能力越强,就越能够识别优秀的投资项目,并在投资过程中为其带来出众的增值服务。那么到底哪些方面的个人特征可以影响风险投资家的人力资本,并决定其投资行为?

　　国外学者的研究结果说明,风险投资家人力资本特征影响风险投资机构投资策略的选择,包括投资阶段、投资行业集中度和投资地域等(Patzelt et al.,2009)。首先,教育背景会影响投资行为。基于美国风险投资数据的研究发现,风险投资机构中金融专业能力越强的高管团队越倾向于投资成熟期企业(Dimov et al.,2007)。拥有理工类教育背景的风险投资家往往更专注于投资同自己专业知识相关的行业领域,而缺乏对其他领域投资机会的关注,这就容易错失许多高回报项目投资机会。总的来说,在培训经历和职业经历上,风险投资家更倾向于选择和自己经历相似的创业者作为投资对象(Franke et al.,2006)。另外,风险投资的人力资本背景还与其具体的监督管理行为有关系。如果风投机构中更多的风险投资经理拥有商业经历,那么其对于创业企业的监督管理会更加积极,从而有助于提高公司的业绩;然而,当风投机构中拥有理工类教育背景的人较多时,则会降低其对所投资企业进行监督管理的积极性,因为具有理工类教育背景的风险投资家更多地关注创新技术本身,缺乏应对投资市场中不确定性的能力(Bottazzi et al.,2008)。其次,年龄也会影响投资行为。年轻的风险投资者出于建立声誉或尽快取得成绩的目的,在投资过程中更容易出现盲目、短视甚至哗众取宠的行为(Gompers,1996)。最后,风险投资家能力的高低也会影响投资行为。Bengtsson et al.(2011)发现,能力(这里由经验来界定)更强的投资者会更少地使用那些在价格下行时用于保护他们的契约型条款。

在风险投资过程中,联合投资是一种被广泛使用的策略,它可以整合资源、分散风险。研究发现,联合投资行为也同风险投资家的个人特征有关。第一种观点认为,风险投资家偏向于和那些资源或特征与自己有很大不同的风险投资家联合。因为风险投资涉及各行各业,一个风险投资家不可能对所有的知识都精通,他们需要联合那些具有相关专业知识的风险投资家进行合作,这样就可以扩展联合投资的资源范围和可得技能,进而提高整个投资项目的绩效(Hochberg et al.,2011;Jskelinen,2009)。Trapido(2007)研究发现,选择与那些社会地位比较高的风险投资家合作,可以提高自己的网络地位,从而增加自己获得别人邀请加入联合投资的概率。第二种观点认为,风险投资家一般选择那些和自己资源同质的风险投资家进行联合。因为风险投资家充分信任项目后才会选择加入联合投资,而充分信任的前提是资源相似,所以说风险投资机构是否进行投资会依赖于同质风险投资家对项目的判断(Cestone et al.,2007;Meuleman et al.,2009)。第三种观点认为,风险投资家选择与之联合的伙伴时,不是简单地选择相同或相异,而是根据不同维度属性进行判断。

我国学者也针对国内风险投资家异质性对联合投资的影响进行了深入研究,发现有些风险投资家在资本规模上具有优势,他们通常会选择与在专业化程度、经验或网络位置上具有很强优势的风险投资家进行资源交易(王育晓,2013)。除此之外,同西方市场相似,我国风险投资机构高管团队的人力资本特征也会影响投资阶段、投资行业集中度和投资地域。经管类教育中的会计学、市场学、管理学等是企业管理中不可或缺的组成部分,拥有经管类教育背景的风险投资家和拥有创新技术的创新企业家更容易一拍即合(李严 等,2012)。另外,拥有理工类教育背景和高科技从业经验的风险投资家更倾向于投资高科技企业,在首轮融资时进行投资的比例较高。而拥有金融从业经验的风险投资家更倾向于投资非高科技企业,即使投资了高科技企业,在首轮融资时进行投资的比例也比较低。与非国有性质风险资本相比,我国国有性质风险资本高管团队成员的理工类教育背景和高科技从业经验较弱,导致国有性质风险资本投资高科技企业较少(黄福广 等,2016)。

以上研究揭示了风险投资家的教育背景和从业经验可能会显著影响风险投资的具体行为,这些将构成本书的研究对风险投资家个人特征作用于企业成长的机制、过程的初步了解。除此之外,基于国内外市场差异,在研究的过程中需要注意,风险投资是资金和技术的"联姻",也是风险投资家和企业家互选的结果。拥有创新技术的企业家在缺乏资金的同时,也希望能进一步提高对企业的管理能力,因此具备不同特质的风险投资家对潜力企业的选择具有一定的内生性。

3.3.3 人力资本在企业成长中的作用

当前关于人力资本对企业影响的研究主要集中在企业内部,即企业高管层和董事会,而这两部分恰恰是大多数风险投资家为企业提供"增值"服务的主要渠道。根据"资源支持理论"和"声誉假设理论",与工作经验有关的人力资本能够通过管理决策和外部资源两方面影响企业。例如:银行家或券商从业者加入企业管理层更容易促使企业得到更多的外部融资和更低的股票承销费率(Easterbrook,1984);拥有更多财务或审计背景的董事会成员的企业会计质量更高(Agrawal et al.,2005;Defond et al.,2005);具备早期创业经验的创业者比创业"新手"具备更多的潜在合作伙伴网络和企业管理经验,以及发现商业机遇或寻找稳定供应商、零售商的能力(Westhead et al.,1998;Karra et al.,2008);实证研究还发现,通过引入具有企业管理经验的海外归国人员担任董事,有利于我国企业管理水平的提升(Giannetti et al.,2015)。

针对风险投资人力资本的研究,无论是国内还是国外,都并不多见。Dimov et al. (2005)将人力资本分为一般人力资本和特殊人力资本,前者是指风险投资家拥有理工科和人文学科教育背景,后者是指风险投资家拥有MBA(工商管理硕士学位)证书、法律教育背景、咨询行业从业经历。他们发现,更多的一般人力资本能够促进企业成功上市,而更多的特殊人力资本能够降低企业未来破产的可能性。另外,他们还发现了一些令人惊讶的结果:法律行业从业经历使被投资企业的破产率更高;理工科、人文学科教育背景虽然提高了被投资企业成功上市的可能性,但其破产的概率也更高。另有学者通过研究风险投资的绩效间接分析人力资本对企业成长的影响。Zarutskie(2010)考察了风险投资基金管理团队的人力资本对风险投资成功退出的预测作用。与 Dimov et al. (2005)的研究结果不同的是,Zarutskie(2010)发现持有 MBA 证书者越多的团队所管理的基金在投资退出方面比率越低,而拥有更多特殊人力资本的团队所管理的基金退出表现更好。这里的特殊人力资本包括两类:一类是与任务相关的特殊人力资本,包括风险投资家的经验、创业经历;另一类是与行业研究相关的特殊人力资本,包括策略研究、管理咨询、工程管理及非风险投资的金融研究等经历。

在众多人力资本中,得到相对较多关注的是风险投资家的经验。一般认为,决策者具有越多的经验,在处理多变的任务时越能调动更优越的决策机制,将注意力更多地集中在关键问题上,因此他们对"好"公司的挑选更加准确。Shepherd(2003)通过对经验不同的风险投资家的决策过程进行相互比较,发现对于经验少的风险投资家,提升经验的确有益于提高决策可靠性和投资表现。但是,当经验积累到某个程度以后,经验的进一步提升则会降低决策可靠性和投资表现。所以,并不是风险投资家的经验越多,决策产生的结果就越好。为什么会产生这种情况?研究认为,经验丰富的决策者容易受到更多启发思维和"捷径"思考方式的干扰,进而产生决策失误。并且他们更容易陷入过度自信,通过对问题片面的理解"过度拟合"现实情况。风险投资家对自己关于企业成功或失败的预测过于自信,这将会导致他们在搜寻信息的过程中变得狭隘,产生投资不足或过早地拒绝潜在投资机会的结果。Zacharakis(2001)发现 96%的被调查的风险投资家都存在过度自信表现,而且不仅经验会导致过度自信,风险投资家获取信息的强大能力也会导致过度自信,进而影响风险投资家对机会的把控和决策的准确性。

随着风险投资在我国的快速发展,我国学者关于风险投资家人力资本影响的研究不断深入。对企业成长的影响方面,学者通过沪深 A 股上市公司中风险投资支持的企业数据发现:风险投资家的教育背景、国际经验、政府背景以及证券从业背景,对创业企业经营绩效具有显著的正面影响;风险投资家在两家或者两家以上创业企业兼任董监事,对创业企业绩效具有显著的负面影响(张丰 等,2009)。风险投资家的教育背景和金融行业从业经历对被投资企业长期市场价值有显著的正面影响,而风险投资家的其他行业高管的从业经历对被投资企业市场价值的影响并不显著(王怡丹,2015)。对风险投资绩效的影响方面,李严 等(2012)将风险投资退出率设置为衡量投资绩效的指标,并基于风险投资家的行业经验和教育背景构建风险投资机构人力资本指数,发现人力资本不仅会显著影响投资绩效,而且早期投资和联合投资两种投资策略在影响的过程中分别发挥了中介和调节作用。

3.3.4 风险投资异质性与投资绩效

相比于风险投资家背景,现有文献对风险投资机构背景的研究要多一些。虽然这两者之间存在差异(最直接的就是风险投资家当前的投资行为普遍不会受到前期职业背景的制约),但梳理关于风险投资机构背景的研究仍能为本书进一步研究风险投资家的职业背景提供借鉴。

(1) 企业背景的风险投资

企业背景的风险投资(Corporate Venture Capital,CVC)更多出于自身战略需要而进行投资。投资之后,CVC 的母公司经常与被投资企业以各种各样的形式达成战略关系,无论是在其上市的过程中还是在其上市后,这种关系对被投资企业的治理结构都会产生极大影响。与独立风险投资(Independent Venture Capital,IVC)支持的企业相比,CVC 支持的企业 CEO 权力更弱,独立董事占董事会和薪酬委员会的比例更大,董事和 CEO 被更替的频率更高。除了控制权被削弱,创业企业与 CVC 合作还有可能面临商业机密被泄露、技术被 CVC 的母公司窃取或模仿的风险,尤其是在行业重合或者知识产权保护力度弱的情况下(Dushnitsky et al.,2010)。虽然 CVC 与创业企业之间的合作存在种种壁垒,但出于发展需要,一些创业企业还是会选择 CVC 进行融资。从投资策略来看,CVC 投资期限要比 IVC 投资期限更长,金额也更大。从投资结果来看,CVC 支持的企业创新能力更强,表现为专利数量更多,虽然他们更年轻、更喜欢冒险,并且盈利性不如 IVC 支持的企业。这源自 CVC 具备更多的产业知识,以及对失败具有更高的容忍度(Chemmanur et al.,2014;Fulghieri et al.,2009)。当企业与 CVC 的母公司的战略相契合的时候,CVC 对企业的增值作用更明显,无论是在 IPO 时,还是作为并购对象时,那些与 CVC 的母公司战略重合的企业往往能够得到更高的估值(Ivanov et al.,2010)。

(2) 银行背景的风险投资

相比于 IVC,银行背景的风险投资(Bank-owned Venture Capital,BVC)更倾向于投资风险较低的企业,如处于成熟期或债务杠杆较高行业的企业(Mayer et al.,2005;Hellmann et al.,2008)。同 CVC 类似,BVC 也属于战略投资的一种——银行有经常依靠 CVC 进行股权投资和贷款业务的相互支持(Hellmann et al.,2008)。无论是 BVC、BVC 所属的银行,还是被投资企业,都有可能从这种关系中受益:对 BVC 而言,可以依靠 IVC 所不具备的贷款能力吸引更多的优秀创业企业;对银行而言,通过 BVC 的入驻,可以提前捕捉到贷款企业信息,便于后期业务的拓展;对被投资企业而言,BVC 的注资可以发挥一定的认证作用,无论是从 BVC 所属的银行处,还是从其他银行处,企业都更有可能获得低于市场价格的贷款(Hellmann et al.,2008)。另外,银行对企业的认证作用还反映在股票市场,接受过银行贷款或者投资的企业在 IPO 时往往得到的估值更高(James,1987;James et al.,1990;Schenone,2004)。

(3) 券商背景的风险投资

关于券商背景的风险投资(Underwriter-owned Venture Capital,UVC)对企业 IPO 的影响,不同学者给出了不同的结论。一种观点基于认证效应,认为 UVC 兼具风险投资与承销商特征,发挥了双重认证作用,因此可以帮助企业获得更低的 IPO 抑价率,这种现象在法国、中国存在(Puri,1999;Chahine et al.,2008;陈伟,2013;张学勇 等,2016a)。另一种观点基于利益冲突假说,即由于 UVC 能够通过 IPO 后的股权退出获得巨大收益,所以在证券发行的过程中投资者不相信其所属的承销商能够如实报告企业价值,认证效应被严重削弱,导致 IPO 抑价率更高,这种情况在美国、日本被证实(Gompers et al.,1999;Hamao et al.,2000)。而关于对企业长期业绩的影响,Chahine et al.(2008)认为,在法国,UVC 在筛选和监督企业方面做得更好,因此被其投资的企业上市后的财务业绩和股票的风险调整后收益率要显著优于 IVC 支持的企业;而 Hamao et al.(2000)通过对日本企业 IPO 后业绩情况的检验,发现 UVC 支持的企业与 IVC 支持的企业在长期业绩方面没有显著差异。

3.4 本书关注的重点因素

随着资源基础理论、资源依赖理论和人力资本理论的相继提出,人力资本对投资绩效的影响方式得到了充分和细化。结合3.3节所介绍的各种理论和对前人研究的总结,本节对风险投资家人力资本与投资绩效之间的关系演进做进一步阐述,并结合当前我国风险投资面临的外部环境和形势提出相应概念模型。

根据资源基础理论和资源依赖理论,企业要想获得成功,持续收获市场上的超额利润,就必须建立起自身的资源可控性,不仅要注重对稀缺资源的积累,还要保证这些资源是不可复制的。而在现实情况中,创业企业因为起步晚,往往不具备快速积累优质资源的能力,因此需要借助于风险资本的力量,而风险资本除了能够为创业企业提供财务支持,更重要的是能够为其引入聚集在风险投资家身上的人力资本、政治资本和社会资本。

3.4.1 风险投资家的作用

风险投资家的人力资本与一般企业家的人力资本之间既有相同之处,又有不同之处。人力资本理论认为企业家的人力资本是整个人力资本体系中层次最高、最具活力和创造力的人力资本,而风险投资家是特殊的企业家。首先,风险投资家所具备的人力资本和企业家才能必须能够完全适用于企业发展需要,其中包括企业家精神。因为风险投资家充当资本提供者的代理人,其目的是实现被代理人的利益最大化,而被代理人的利益最大化是以企业发展为前提的。其次,在风险投资过程中,风险投资家还要接受企业的委托,担任管理者角色,帮助企业成长。二者的区别在于:第一,风险投资家人力资本的存量和质量平均水平都远高于刚刚进入创业阶段的企业家,相较于企业家,风险投资家的人力资本具有更强的稀缺性和复杂性,专用性和实践性也更强;第二,由于在驾驭风险和控制风险方面技巧性更强,因此风险投资家相对于企业家更具有冒险精神,对风险的承受能力更强。

本书中关于风险投资家人力资本对风险投资绩效影响的研究均建立在社会资本

理论、政治资本理论和人力资本理论等依据之上，基于不同背景风险投资家拥有的资源差异作出假设。根据已有研究，风险投资家对投资绩效的影响主要通过两种渠道实现：项目筛选和投后培育。由于我们无法获得所有企业在风险投资家入驻之前的财务数据，因此无法根据业绩差异对这两种渠道进行直接区分。后续的机制研究主要落实在风险投资家的人力资本上，包括风险投资家的知识资本、政治资本、社会资本等（通过风险投资家引入企业的资本在本书中均被理解为风险投资家的人力资本），其不仅可以反映在投资结果上，还可以直接反映在投资过程中，即风险投资家的投资行为中。基于以上设定，本书重点关注以下四个方面。

(1) 风险投资家人力资本对其投资偏好的影响

当前学者们针对风险投资策略或偏好进行了大量研究，但目前为止，并没有出现对这些策略或偏好进行全面总结的文章，更多的是单独研究每一种策略背后的原因。根据对相关文献的梳理和归纳，本书选择以下四种投资策略进行研究：多阶段投资、联合投资、领投、本地投资。这四种投资策略反映着风险投资家对待风险的态度，当风险投资家更倾向于多阶段投资、联合投资、不担任领投、本地投资的时候，我们认为其风格相对保守，属于风险厌恶型，但也说明具有这些倾向的风险投资家更擅于通过投资策略控制风险。反之，风险投资家的投资风格则偏向于激进，反映出风险投资家的投资行为并未受风险影响太多，进而推断其可能掌握了某种资源，促使其提前获得信息。

(2) 风险投资家人力资本对企业外部融资的影响

根据 Bourdieu(1992)的理解，社会资本与社会网络关系相关，个体或团队成员通过身份调动或利用网络中的资源。无论是实业背景风险投资家、金融背景风险投资家，还是政治背景风险投资家，其社会资源很大一部分都是来自以往的工作经历。外部融资对创业企业来说至关重要，依靠风险投资家获取信贷或股权融资渠道和融资能力是不少创业企业家重点关注的。因此，本书的研究不仅考察风险投资自身为企业提供的资金，还考察风险投资家对企业外部融资能力的影响，包括对信贷融资规模的影响和对其他股权融资规模的影响。

(3) 风险投资家人力资本对其对企业进行监督治理的影响

风险投资家在掌握某种资源之后，往往希望可以借此拥有对被投资企业的控制力，一般通过两种方式来实现，一种是股份控制，另一种是参与企业治理。本书通过考察风险投资家是否会在投后入驻企业管理层来研究风险投资家对企业的监督治理程度。

(4) 风险投资家人力资本对企业 IPO 过程的影响

承销商是企业 IPO 过程中的重要一环,在我国以审核制为基础的 IPO 环境下,承销商的能力至关重要。而承销商声誉既是对其过去承销业绩的反映,又是对其未来承销能力的证明。因此,本书的研究以承销商声誉作为中间变量进行检验,考量不同背景的风险投资家是否能够帮助企业争取到更优质的承销商。该步骤一方面能够检验风险投资家是否具备社会资源或者剩余资源,另一方面能够部分解释风险投资绩效的来源。

3.4.2 风险投资绩效评价

风险投资机构的绩效是多少,往往只有等到退出的时候才能确定。风险投资一般采取四种退出方式:IPO、回购、兼并收购和清算。据目前关于风险投资绩效的研究,大部分都将 IPO 和股权转让视为成功的退出方式。

风险基金大部分由有限合伙人出资设立,普通合伙人的出资份额一般仅占 1%左右,但其收益却占全部收益的 20%以上。因此,以风险投资方收益最大化为目标的投资决策也是为了提高风险投资基金的整体收益。如果能够以风险投资家所管理基金的回报率来衡量风险投资,看上去准确而合理,但由于部分风险投资机构选择不向公众披露此项数据,因此如果仅基于回报率进行研究,则样本选择问题难以避免。

一般情况下,资本通过企业 IPO 实现退出,风险投资取得的收益最高。因此,可以使用企业 IPO 概率或者被特定风险投资家投资过的企业中 IPO 企业的数量来度量风险投资家的绩效。IPO 为创业企业提供了从投资人处回购股权的机会,也为投资人提供了极具吸引力的资本退出渠道。即使风险资本没有通过 IPO 退出,IPO 也标志着资本具备了以高回报率方式退出的条件,在 IPO 到资本真正退出的这个阶段,投资基金有着极大的上涨潜质。甚至有些学者通过研究认为,几乎所有的创业企业基金收益都是通过被投资企业上市获得的(Dimov et al.,2005;Sahlman,1990)。尽管风险投资家投资的企业仅有一部分最终会实现 IPO,但绝大部分投资收益都是由这一部分带来的。因此本书通过研究企业 IPO 的情况来研究风险投资家的绩效,具体涉及投资项目能否 IPO、从投资到 IPO 的时长、投资家 IPO 率、IPO 抑价率情况和 IPO 地点。

3.4.3 风险投资家异质性

本书结合我国社会主义基本经济制度背景和风险投资发展的实际情况,在已有文献研究的基础上,提出以下三点风险投资家人力资本的异质性,作为核心进行考量。

① 风险投资家的职业背景。在当前世界范围内,高科技行业是风险资本主要投资的对象,并且为了鼓励技术创新、促进技术繁荣,各国政府也鼓励风险资本向高科技行业蔓延。因此,懂技术或者有企业管理经验的风险投资家会受到创业企业的青睐,这也符合现实情况。在中国,风险投资家群体中的相当一部分都有创业经历;另外,风险投资的过程涵盖了前期融资、中期监管和后期资本退出等过程,融资和退出活动往往通过大量资本运作行为完成,即使是中期监管部分,也避免不了对企业财务的监管,因此,风险资本的投资过程涉及大量金融业务,具有金融行业工作经历的风险投资家在此方面可以发挥更好的作用。除了专业知识方面的比较优势,实业背景和金融背景的风险投资家还存在于各自的社会网络之中,依照社会资本理论,这些网络资源能够为企业的成长带来或正面或负面的影响。综合以上分析,本书将风险投资家的职业背景作为第一个分析要点进行研究,考量由职业经历带来的人力资本差异对投资绩效的影响。

② 风险投资家的政治背景。如同政治市场理论中所介绍的,无论是发展中国家还是发达国家,企业的成长都与国家政治制度的建设息息相关,在发展中国家,政府与企业之间相互依存的关系更加明显,大多数企业希望获得当地政府的支持。因此,本书将风险投资家的政治背景作为第二个分析要点进行研究,考量由政府机构工作经历带来的人力资本差异对投资绩效的影响。

③ 风险投资家的海外背景。风险投资诞生在美国,美国风险投资行业的发展水平要远远高于我国,甚至在其他大多数金融领域也是如此。受人力资本和社会资本的吸引,许多初创企业都以能够获得外资背景的风险投资为傲。受中国巨大的经济增长潜力影响,从 21 世纪开始,不仅来自海外的风险投资源源不断地流入国内,接受过海外先进教育或海外领先投资机构培训的风险投资家们也开始乐于在中国大陆"开疆拓土"。因此,本书将风险投资家的海外背景作为第三个分析要点进行研究,考量因为海

外背景产生的人力资本差异对投资绩效的影响。

3.4.4 风险投资主体关系模型

风险投资主体关系模型如图3.1所示。

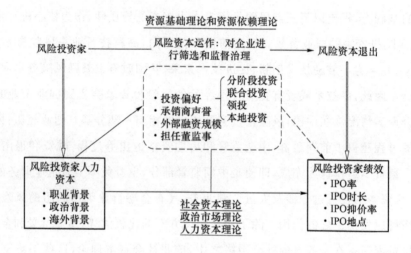

图 3.1 风险投资主体关系模型

本章小结

目前关于风险投资家人力资本异质性影响投资绩效的文献并不多见,但通过对已有文献的梳理,可以确定的是:第一,以追求投资回报为目标,风险投资通过各种机制和渠道影响被投资企业,而这些行为的执行者是风险投资家,因而影响的方向和大小与风险投资家的能力和偏好有关;第二,风险投资的异质性能够对投资绩效产生显著影响,而人力资本是风险投资最重要的组成部分,风险投资的异质性在很大程度上包含了风险投资家的异质性,但却不能替代风险投资家的异质性对投资绩效产生影响;第三,人力资本对企业发展的重要性已经在其他领域被证实,风险投资的人力资本也被证实会影响风险投资在企业中的行为和作用,这些行为和作用最终都将反映在风险投资绩效上。因此,有理由相信,风险投资家的个人差异是投资绩效产生差距的重要原因。

另外,中国的实业界已经认识到风险投资家人力资本对投资绩效、资金募集的重要性,这一点从每年评比出的各项人物榜单中就可以看出,但关于风险投资家人力资本对投资偏好和投资绩效的影响尚未形成统一认识。为了填补这一空白,本书借助于风险投资项目、风险投资家个人、被投资企业的样本和数据,分别从风险投资家的职业背景、政治背景和海外背景三个视角,对比研究风险投资家异质性对投资绩效的影响,并探究其背后机理。本章所提及的理论和文献是后面章节所研究内容的重要基础。

第 4 章　职业背景对投资绩效的影响：基于社会网络的视角

在人力资本形成的过程中，工作经历和职业训练发挥了重要作用（Becker，1964；Bauernschuster et al.，2009），结合风险投资家对创业企业的增值服务，本章主要对以下两类职业背景进行分析：风险投资家的金融行业工作背景和实业行业工作背景。金融行业工作背景特指风险投资家在加入 VC 行业之前曾在银行、证券等金融部门工作过；实业行业工作背景特指风险投资家在加入 VC 行业之前曾在非金融企业工作过。

已有研究表明，相比于实业从业者，金融从业者具备两个方面的明显优势：一是专业的财务能力。金融背景风险投资家拥有更丰富的企业财务知识，监督企业财务规范的意识和能力更强（Agrawal et al.，2005；Defond et al.，2005）。二是贴近金融市场的网络关系。一方面，金融背景风险投资家在资金借贷网络中的位置更趋于中心化，有助于企业科学融资决策（Custódio et al.，2014；Güner et al.，2008）；另一方面，金融背景风险投资家之前有过多次参与企业债权、股权融资的经历，如 IPO、定向增发、债券发行等，有机会与监管部门、承销商、分析师等金融市场的各类主体建立联系，保持声誉。

相较于金融背景风险投资家，实业背景风险投资家的优势体现在具备更多与从事行业相关的专业知识、更加专业的企业战略规划和人员激励能力，在寻找潜在实业合作伙伴、发现产业机遇、寻找稳定供应商或零售商方面更具优势（Westhead et al.，1998；Karra et al.，2008）。

对于创业企业而言，企业管理和融资规划对其成长壮大都尤为重要。据统计，

2001—2017年,具有以上两种职业背景的风险投资家约占中国风险投资家总人数的78%[①]。因此,一个科学的实证问题自然被提出:这两种职业背景截然不同的风险投资家,他们的投资业绩孰优孰劣?

4.1 理论机制与研究假设

不同于一般机构投资者,超越传统融资职能的"增值服务"被认为是风险投资家最重要的特征。"增值服务"主要包括三类:一是进行创业指导,包括风险投资家为企业提供治理经验并监督企业管理层工作(Hellmann et al.,2002;Lerner,1995),提高董事会效率,促进技术创新和优化人力资源管理(Hellmann et al.,2008)等。风险投资通过对企业进行创业指导,能够提高企业的行业竞争力,进而降低企业信息披露成本,保证企业IPO时较低的盈余管理和IPO后更好的业绩(Guo et al.,2004;Morsfield et al.,2006)。二是提供社会网络(social network)资源。在企业成长的过程中,风险投资家可以以信息中介的身份为被投资企业寻找潜在合作伙伴(Aoki,2000;Gans et al.,2002),以投资人的身份为企业争取网络中更多外部投资者的青睐。在企业进行IPO时,风险投资家能够借助于自身社会网络帮助企业在上市的过程中引入高声誉承销商(Megginson et al.,1991)。研究表明,风险投资在网络中的位置越中心,越有利于其投资的企业顺利上市(Hochberg et al.,2007)。三是提供声誉资源。风险投资通过投资行为向资本市场传递一种企业具有"高价值"的信号,降低了企业与投资人、分析师之间的信息不对称程度,在加快企业IPO步伐的同时帮助企业获得更高的IPO发行价格和更低的抑价率(Megginson et al.,1991;Arikawa et al.,2010;Lin,1996;Wang et al.,2003;Nahata,2008)。被声誉越高的风险投资机构投资,企业上市的可能性就越大,IPO募集到的资金也越多(Megginson et al.,1991;Hsu,2006;Nahata,2008)。

虽然大多数创业企业都非常重视风险投资的"增值"功能,但不同类型的风险投资在对企业的"增值"作用上存在差异。首先,企业背景风险投资机构比一般风险投资机构具备更多产业知识,不但对创业企业的监管投入较多,而且对待企业的研发活动也

[①] 根据投中集团CVSource数据库中的风险投资家个人简介整理。

更有耐心(Fulghieri et al.,2009;Chemmanur et al.,2014;Guo et al.,2015)。这些投资特点虽然对创业企业的内部增值大有裨益,但也为企业带来了控制权被争夺和商业机密遭到泄露的风险(Dushnitsky et al.,2010)。其次,有研究表明金融背景的风险投资机构能够为企业带来更多获得银行贷款的机会,这些贷款或来自风险投资相关联的银行,或来自其他银行(Mayer et al.,2005;Hellmann et al.,2008;Fang et al.,2013)。最后,相比于独立风险投资机构,附属于其他机构的风险投资除了具备更多资源以外,还能够凭借自身声誉和母公司声誉,为企业发挥"双重认证"的作用。从投资结果来看,受附属风险投资支持的企业资本估值更高,IPO抑价率更低(James,1987;James et al.,1990;Schenone,2004;Chahine et al.,2008;陈伟,2013;张学勇 等,2014)。

目前,理论界关于风险投资业绩差异的研究都还仅限于对风险投资机构或基金的异质性研究,但是风险投资家才是决定风险投资业绩的根源所在。其中,职业经历在人力资本的形成过程中发挥了重要作用。

从现有文献来看,实际工作中,金融背景从业者和实业背景从业者具有不同的决策风格和价值体现。例如,在企业管理方面,Custodio et al.(2014)发现金融背景的CEO所管理的企业现金持有率更低,其更擅长使用杠杆和股份回购策略为企业和股东争取更多的利益,反映出该类CEO相比于非金融背景的CEO在企业融资方面更加"智慧"。Güner et al.(2008)发现,商业银行家进驻企业管理层,能够为企业带来更多的外部融资机会,投资银行家进驻企业管理层,则能够为企业降低潜在的股票承销费用。与金融背景的管理者不同,Westhead et al.(1998)、Karra(2008)发现实业背景的管理者具备更多潜在合作伙伴网络和企业管理经验,以及发现商业机遇和寻找稳定供应商、零售商的能力;Giannetti et al.(2015)通过实证研究还发现,通过引入具有企业管理经验的海外归国人员担任董事,有利于我国企业管理水平的提升。再如,通过对广义的股权投资进行研究,Acharya(2013)发现,实业背景的基金经理往往更擅长于企业内部价值创造,而金融背景的基金经理在企业并购方面则表现得更为出色。最后,落实到风险投资方面。针对美国市场,Zarutskie(2010)将不同职业背景的风险投资家在基金管理团队中的占比作为风险投资家人力资本代理变量,发现如果管理团队中拥有更多创业背景或VC背景的风险投资家,则更可能获得好于一般基金的投资业绩。针对欧洲市场,Bottazzi et al.(2008)研究发现,当风险投资机构包含更多具备从商经历的风险投资家时,该机构能够更积极地投入企业监管过程中。

　　无论具有何种职业背景,从业者的主要目标都是凭借自身优势在能力范围内取得更好的业绩。那么,风险投资业绩的高低是否与风险投资家的职业背景有关？金融背景风险投资家和实业背景风险投资家投资业绩孰高孰低？

　　通过对相关文献的梳理,本书发现实业背景风险投资家和金融背景风险投资家都存在通过为企业提供"增值服务",帮助企业IPO,进而成功退出,获得高投资收益的潜在可能。不同的是,实业背景风险投资家倾向于为企业提供有助于其内部价值提升的"创业指导",而金融背景风险投资家则更可能凭借自身在金融领域的"社会网络"和"声誉"为企业争取更多的上市机会。

　　不同于成熟市场的IPO注册制,在我国股票发行核准制下,由于期望通过IPO融资的企业众多,而股票市场的资金供给有限,证监会需要控制股票发行速度和规模,IPO资格成为拟上市企业相互争夺的稀缺资源。因此在我国,风险投资越能帮助被投资企业早日通过IPO审核、上市,便可以越早实现资本退出,获得高投资业绩。现实中也的确存在相当部分的拟上市企业为了达到上市目标而在改制阶段引入风投,并且不惜以远低于IPO发行价的入股价格引入风投,甚至签订保护风险投资机构利益的对赌协议。考虑这一点,本书初步认为,在当前形势下,风险投资家的金融社会网络和声誉资源更有利于风险资本实现成功退出。据此,提出第1个待检验假设：

　　H1：相比于实业背景风险投资家,金融背景风险投资家的投资业绩更高。

　　如前所述,我们是基于风险投资家的社会网络资源和声誉资源提出"金融背景风险投资家更为成功"的假设,为了印证这一机制并挖掘其影响风险投资家业绩的具体途径,本书进一步探讨风险投资家职业背景与投资策略、企业融资、承销商声誉及IPO抑价率的关系,并提出其他假设。

　　经济行为的"社会嵌入"理论认为,个体所"嵌入"的关系网络将影响其行为特征(Granovetter,1985)。即,个体是在与网络内其他个体的互动、学习中修正预期、做出行为决策。风险投资家曾经的金融工作经历带来了银行、证券等领域的直接关系网络,网络内的信息交流、资源共享将有助于风险投资更好地筛选和管理投资项目(蔡宁等,2015)。因此,如果金融背景风险投资家更高的投资业绩来源于前期积累的社会网络,那么这一资源优势很可能也会体现在其投资策略中。例如,一旦风险投资家能够通过银行等中介机构提供的财务信息来确定其潜在投资对象为足够优质的企业,可能就无须再依靠联合投资或多阶段投资分散风险,进而避免与"搭便车"类同行分享收益。再如,当风险投资家能够通过社会网络获得更多信息时,跨地区投资引起的信息不对称问题将得以解决,"本地偏好"(Chen et al.,2010;Tian,2012)倾向或许将不再明显。投资范围的扩大使风险投资家更易同高质量企业合作。据此,提出第2个待检验假设:

H2a:相比于实业背景风险投资家,金融背景风险投资家的投资风格更为激进,如更倾向于进行独立、跨地区、大金额投资。

对于创业企业来说,好的创业思路、有效的管理必不可少,但直接决定企业能否存活直至上市的是资金。造成企业融资存在约束的重要原因是企业与资金提供方的"信息不对称"。研究表明,网络中相邻个体之间的信息传递更直接也更迅速,因而个体的行为更容易受到邻近个体的影响(Fracassi,2016)。相对于实业背景风险投资家,金融背景风险投资家与银行、投资公司等资金提供方的关系显然更为亲近。因此,如果风险投资家曾经有过金融行业的从业经历,一方面可以凭借其在金融网络中的人脉关系获得更广泛的融资渠道,另一方面可以凭借其金融专业知识、声誉更好地为企业发挥认证作用,吸引更多潜在投资者。据此,提出第3个待检验假设:

H2b:相比于实业背景风险投资家,金融背景风险投资家能够为企业引入更快的后续股权融资和更多的债务融资。

从企业进行股份制改革到上市前辅导,再到上市后的定价和股权分配,证券承销商作为连接企业与监管层、投资者的信息中介,是缓解IPO信息不对称现象的有效途径,直接影响企业IPO过程能否顺利进行(张学勇 等,2017)。并且,证券市场是以信誉为基础的市场,证券承销商的声誉不仅是其历史承销业绩的反映,还是对其自身服务质量的承诺和担保(Carter et al.,1990)。因此,谋求上市的企业会尽可能地寻找与高声誉证券承销商合作的机会。如果风险投资家在证券承销领域具有广泛的社会网络资源,则有利于帮助企业寻找声誉更高的承销商,促使其IPO过程顺利进行。据此,提出第4个待检验假设:

H2c:相比于实业背景风险投资家,金融背景风险投资家投资的企业在IPO时选

择的承销商声誉更高。

"认证假说"认为,风险投资家被视作具备企业监管功能的投资方,其投资行为可以降低市场与企业间的信息不对称程度,从而降低 IPO 的抑价率。当风险投资家能够凭借过去的金融工作经历获得证券市场的网络资源时,这种"认证"作用更容易被公开市场上的投资者发现和认可。据此,提出第 5 个待检验假设:

H2d:相比于实业背景风险投资家,金融背景风险投资家投资的企业 IPO 抑价率更低。

4.2 样本选择与描述性统计

4.2.1 样本选择与数据来源

本章使用的样本来自 2001—2012 年期间发生的中国非金融类企业 VC 融资事件[①],主要考察在此期间接受 VC 的创业企业在 2017 年 12 月 31 日之前的上市情况。考虑样本中 80% 的被投资企业都是在 5 年内上市的,因此我们将样本截止时间限定到 2012 年年底。如果到 2017 年还没有 IPO,则认为这个项目是失败的。企业 VC 融资数据来源于投中集团(China Venture)的 CVSource 数据库。为了更好地检验风险投资家的金融背景和实业背景对投资业绩的影响,本章仅将具备一种职业背景(即"仅具有金融背景"或"仅具有实业背景")的风险投资家以及这些风险投资家所参与的投资事件作为样本进行研究。

剔除缺失样本后,本章得到三个层面的数据:一是投资项目(deal)层面,包含由"投资人""被投资企业"和"投资时间"确定的 6 205 条投资项目观测。具体包括每个风险投资家参与的每起投资事件,用来考察不同背景风险投资家单笔投资的结果。二是风险投资家(venture capitalist)层面,基本观测单位是风险投资家,共含有样本中的风险投资家 1 149 人,其中,377 位风险投资家具有金融背景,772 位风险投资家具有

[①] 本章主要研究投资于企业 IPO 之前的股权投资,除了数据库中标示为"VC"的投资事件,还包括上市之前的"PE_Growth",但不包括"PE_PIPE"和"PE_Buyout",本章的研究将其全部称为风险投资(VC)。

实业背景,用来考察不同风险投资家的历史投资业绩差异。三是被投资企业(firm)层面,共有 2 650 家被投资企业作为观测样本,其中,380 家在沪、深证券市场上市,197 家在海外市场上市[①],用来考察企业接受不同背景风险投资家的投资之后的表现。

除了风险投资家数据,研究中还涉及企业是否上市、上市地点、上市企业 IPO 首日表现、企业财务、承销商声誉等数据,这些均来自国泰安数据库和 Wind 数据库,为了确保数据的准确性和完整性,作者进行了不同数据库数据之间的复核、补充工作。

4.2.2 描述性统计

与样本描述保持一致,研究中使用的变量也分为投资项目、风险投资家、被投资企业三个层面,变量的定义见附录1,各变量的统计情况见表4.1。

表 4.1 变量的描述性统计

变量名称	样本数	均值	中位数	标准差	最小值	最大值
(1)被解释变量						
IPO	2 650	0.218	—	0.413	0	1
IPO_oversea	2 911	0.144	—	0.351	0	1
IPO_local	2 911	0.077	—	0.267	0	1
Duration	2 761	2.798	2.885	0.903	0.033	5.129
Loan	734	0.135	0.118	0.114	0	0.530
Debt	734	0.135	0.135	0.114	0	0.530
IPORate	1 098	0.246	0.152	0.275	0	0.693
Underwriter	380	0.329	—	0.470	0	1
Underpricing1	380	0.326	0.364	0.279	−0.306	1.745
Underpricing2	380	0.319	0.344	0.280	−0.302	1.750
(2)解释变量						
Finance	1 099	0.326	—	0.469	0	1
Government	2 595	0.082	—	0.275	0	1

---

① 如果同一家企业在多个市场均有 IPO 经历,则以首次 IPO 的地点和时间为准。

续表

变量名称	样本数	均值	中位数	标准差	最小值	最大值
$Oversea$	2 016	0.699	—	0.459	0	1
$Edu1$	941	0.010	—	0.097	0	1
$Edu2$	941	0.171	—	0.377	0	1
$Edu3$	941	0.681	—	0.466	0	1
$Edu4$	941	0.138	—	0.345	0	1
$VClist\_avgSize$	1 099	1.437	1.414	1.097	0	6.399
$VClist\_Stage$	1 098	0.658	0.770	0.376	0	1
$VClist\_Local$	1 098	0.347	0.167	0.399	0	1
$VClist\_Syndicate$	1 026	0.512	0.500	0.388	0	1
$VClist\_Multistage$	1 098	0.259	0.000	0.356	0	1
$VClist\_Leader$	1 095	0.683	0.833	0.369	0	1
$VClist\_Industry$	1 088	0.561	0.634	0.416	0	1
$Stage$	6 205	0.702	—	0.457	0	1
$Local$	6 203	0.348	—	0.476	0	1
$Syndicate$	6 205	0.610	—	0.488	0	1
$Multistage$	6 205	0.328	—	0.470	0	1
$SyndicateLeader$	5 570	0.729	—	0.445	0	1
$Amount$	3 375	1.662	1.513	0.951	0.010	6.399
$Industry$	2 576	0.537	—	0.499	0	1
$Comp\_Age$	372	4.936	4.989	0.487	2.335	6.640
ROE	341	0.235	0.215	0.099	0.054	0.659
$Market$	362	42.533	44	21.594	0	99
$MarketValue$	362	4 166.888	2 400	6 950.274	415.35	75 106

4.3 计量模型构建

(1) 被解释变量

被解释变量首先是对交易结果的描述,包括投资是否以 IPO 方式退出(IPO)、本次投资距离企业下一次接受 VC 的时间间隔($Duration$);其次是对风险投资家个人业绩的描述,包括风险投资家 2012 年以前投资的项目成功以 IPO 方式退出的比率($IPORate$);最后是对被投资企业 IPO 具体情况的描述,包括企业是否 IPO(IPO)、沪深上市企业 IPO 时的抑价率($Underpricing$)和承销商声誉($Underwriter$)。

(2) 解释变量

解释变量包括:一是职业背景($Finance$)、性别($Gender$)、学历(Edu)、VC 行业经验($VClist\_Performance$)、历史平均投资规模($VClist\_avgSize$)等风险投资家个人特征数据;二是描述风险投资机构背景($VC\_Chinese$ 和 $VC\_Foreign$)的数据;三是投资阶段($Stage$)、是否属于本地投资($Local$)、是否属于联合投资($Syndicate$)、是否属于多阶段投资($Multistage$)、是否属于领投($SyndicateLeader$)等交易数据;四是是否属于创新行业($Industry$)、是否位于经济发达省份($City$)等企业特征数据。另外,在研究企业 IPO 承销商选择时,解释变量还包括企业 IPO 前两个月内沪深两市 IPO 数量($Market$)、企业 IPO 前一年年末平均净资产收益率(ROE)、企业 IPO 时的资产负债率($Leverage$)、企业托宾 Q($TobinsQ$)和企业总市值($MarketValue$)。其中,除职业背景外的其他变量均为控制变量。

4.4 回归检验结果与分析

4.4.1 金融背景与实业背景风险投资家业绩差异

表 4.2 报告了 2001—2012 年间投资项目层面金融背景风险投资家和实业背景风险投资家投资企业的上市情况。综合年度数据来看,金融背景风险投资家投资的项目 IPO 率比实业背景风险投资家投资的项目 IPO 率高 6.64 个百分点。表 4.3 报告了这些上市企业从接受 VC 到上市所用的平均时长,金融背景风险投资家投资的上市项目 IPO 时长比实业背景风险投资家投资的上市项目 IPO 时长平均少 4.27 个月。以上两种差异均在 1% 的置信水平下显著为正。

表 4.2　风险投资家职业背景与项目 IPO 率

投资时间	金融背景风险投资家		实业背景风险投资家	
	投资项目数	IPO 比例	投资项目数	IPO 比例
2001 年	12	0.00%	44	45.45%
2002 年	17	41.18%	68	38.24%
2003 年	22	54.55%	63	46.03%
2004 年	55	43.64%	125	31.20%
2005 年	69	28.99%	185	23.78%
2006 年	167	33.53%	290	33.79%
2007 年	241	31.54%	452	31.86%
2008 年	236	28.39%	424	28.54%
2009 年	175	45.14%	387	29.20%
2010 年	313	36.10%	652	21.78%
2011 年	374	12.83%	918	8.50%
2012 年	244	12.70%	672	6.99%
全部	1 925	27.69%	4 280	21.05%
T test	金融背景风险投资家 VS 实业背景风险投资家			
	T 值	5.75	P 值	0.000 0

表 4.3　风险投资家职业背景与项目 IPO 时长

投资时间	金融背景风险投资家		实业背景风险投资家	
	IPO 退出项目数	从投资到 IPO 退出平均时长/月	IPO 退出项目数	从投资到 IPO 退出平均时长/月
2001 年	0	—	20	65.56
2002 年	7	76.30	26	69.35
2003 年	12	27.11	29	48.29
2004 年	24	43.65	39	52.84
2005 年	20	31.53	44	62.62
2006 年	56	37.49	98	31.34
2007 年	76	38.87	144	38.97
2008 年	67	39.42	121	43.57
2009 年	79	30.92	113	29.34
2010 年	113	34.01	142	38.47
2011 年	48	52.11	78	48.54
2012 年	31	40.81	47	48.65
全部	533	38.06	901	42.33

为了得到更加可信的结果,接下来分别从投资项目层面、风险投资家层面、被投资企业层面构建方程,进行多变量回归,验证风险投资家的职业背景对风险投资业绩的影响。

(1) 投资项目层面

国内外均有研究表明,风险投资家进入 VC 行业之后从事风险投资活动所积累的经验能够对企业 IPO 和风险投资绩效带来一定的促进作用(Hochberg et al.,2007;Sørensen,2007;Nahata,2008)。因此,在实证过程中本研究加入风险投资家 IPO 退出项目数作为控制变量。另外,本研究还对风险投资家的性别、学历和 VC 行业经历进行了控制。除此之外,投资策略会影响风险投资对企业的"增值服务"(Tian,2012;吴超鹏 等,2012),进而影响企业 IPO 情况,因此,本研究控制了投资阶段、是否属于本地投资、是否属于联合投资、是否属于多阶段投资和是否属于领投等变量。考虑投资环境的差异性,本研究还控制了被投资企业所在地、所属行业和投资年份。

表 4.4 的第(1)列和第(2)列报告了 Probit 模型的检验结果。其中,$Finance$ 的系数均显著为正,说明样本中金融背景风险投资家投资的项目比实业背景风险投资家投资的项目 IPO 退出率更高。经测算,模型的准确预测比率均为 77% 左右,拟合优度较高。

另外,风险投资基金通常具有期限限制,到期必须返还投资、分配收益,因此,除了风险投资能否顺利退出,本研究还关心风险投资退出的速度。接下来,采用 Cox 回归模型进行实证检验。Cox 模型属于久期分析的一种半参数回归模型,基本形式为 $\lambda(t, \mathbf{X}) = \lambda_0(t) \exp(\beta_1 X_1 + \beta_2 X_2 + \cdots + \beta_m X_m)$,其中:$\lambda(t, \mathbf{X})$ 代表危险率函数,在本研究中指 t 时刻风险投资成功退出的可能性;$\lambda_0(t)$ 指 $\mathbf{X}$ 向量为零时,$\lambda(t, \mathbf{X})$ 的基准危险率。模型中解释变量 $\mathbf{X}$ 的系数为正表示每增加一单位 $\mathbf{X}$,就会增加风险投资退出的可能性,同时缩短风险投资成功退出所耗费的时间。表 4.4 第(3)列和第(4)列的结果显示了 Cox 模型中 $Finance$ 的系数显著为正,说明相比于实业背景风险投资家,金融背景风险投资家投资的项目倾向于较快地通过 IPO 退出。

表 4.4 风险投资家职业背景与 IPO 退出率(投资项目层面)

变量	(1)	(2)	(3)	(4)
	Probit 模型		Cox 模型	
$Finance$	0.168***	0.175***	0.220***	0.239***
	(3.67)	(3.49)	(3.54)	(3.47)

续 表

变量	(1)	(2)	(3)	(4)
	Probit 模型		Cox 模型	
Gender		−0.062		−0.068
		(−0.84)		(−0.69)
Edu1		0.000		0.200
		(0.00)		(0.44)
Edu2		0.116		0.203*
		(1.39)		(1.81)
Edu3		−0.027		−0.004
		(−0.41)		(−0.05)
VClist_Performance		0.051*		0.068
		(1.68)		(1.61)
VClist_avgSize		−0.002		−0.017
		(−0.08)		(−0.44)
VC_Chinese	0.493***	0.536***	0.723***	0.759***
	(9.81)	(9.59)	(10.42)	(9.89)
VC_Foreign	−0.117**	−0.079	−0.117	−0.068
	(−2.02)	(−1.25)	(−1.44)	(−0.77)
Stage	−0.524***	−0.528***	−0.769***	−0.784***
	(−11.61)	(−10.93)	(−12.59)	(−12.06)
Local	−0.061	−0.070	−0.114*	−0.126*
	(−1.28)	(−1.39)	(−1.73)	(−1.80)
Syndicate	0.307***	0.302***	0.442***	0.436***
	(6.29)	(5.78)	(6.31)	(5.87)
Multistage	0.240***	0.214***	0.302***	0.281***
	(5.26)	(4.43)	(4.89)	(4.31)
SyndicateLeader	−0.133***	−0.119**	−0.198***	−0.172**
	(−2.65)	(−2.22)	(−2.99)	(−2.44)
City	0.070	0.062	0.135*	0.117
	(1.27)	(1.04)	(1.76)	(1.43)
Industry	−0.147***	−0.121**	−0.196***	−0.164**
	(−3.28)	(−2.54)	(−3.15)	(−2.48)

续表

变量	(1)	(2)	(3)	(4)
	Probit 模型		Cox 模型	
Constant	−0.405*	−0.356		
	(−1.81)	(−1.38)		
是否控制投资年份	YES	YES	YES	YES
Observations	5 001	4 424	5 001	4 424

注：表中的括号内为 t 值，***、**、* 分别表示系数在 1%、5%、10% 水平下显著。

(2) 风险投资家层面

本研究通过研究风险投资家职业背景对其历史投资 IPO 率的影响，直接对不同背景的风险投资家的投资业绩进行分析。与投资项目层面研究一致，本研究依旧控制了学历、历史平均投资规模等个人变量。由于不涉及风险投资家进行的具体投资项目，无法直接控制具体交易的特征，所以本研究改用风险投资家的历史投资特征代替。所有关于风险投资家个人特征的变量均来源于对其 2012 年及之前风险投资记录的整理。

作为受限被解释变量，风险投资家投资项目 IPO 退出率的取值范围位于 0 和 1 之间，并且有相当部分的观测值为 0 或 1。为了避免因不满足经典线性模型假设条件而产生的估计偏差，本研究同时使用 OLS 模型和 Tobit 模型对风险投资家个人层面的样本进行回归。表 4.5 报告了以风险投资家投资项目 IPO 退出率为被解释变量的回归结果，虽然 OLS 模型和 Tobit 模型中 Finance 的系数略有差异，但都显著为正，说明金融背景风险投资家的投资业绩显著优于实业背景风险投资家的投资业绩，表现为更高水平的 IPO 退出率。

表 4.5 风险投资家职业背景与 IPO 退出率（风险投资家层面）

变量	(1)	(2)	(3)	(4)
	OLS 模型		Tobit 模型	
Finance	0.071***	0.058***	0.119***	0.089***
	(3.82)	(2.91)	(3.95)	(2.77)
Gender		0.041		0.064
		(1.51)		(1.50)

续表

变量	(1)	(2)	(3)	(4)
	OLS 模型		Tobit 模型	
Edu1		0.017		−0.037
		(0.18)		(−0.24)
Edu2		0.023		0.022
		(0.73)		(0.44)
Edu3		−0.034		−0.067
		(−1.31)		(−1.62)
VClist_avgSize		0.044***		0.097***
		(4.43)		(5.80)
VC_Chinese	0.086***	0.116***	0.114***	0.173***
	(4.21)	(5.20)	(3.40)	(4.81)
VC_Foreign	0.006	0.006	−0.005	−0.006
	(0.25)	(0.23)	(−0.14)	(−0.16)
VClist_Stage	−0.105***	−0.058**	−0.174***	−0.077*
	(−4.33)	(−2.08)	(−4.31)	(−1.70)
VClist_Local	0.062***	0.060**	0.096**	0.098**
	(2.72)	(2.44)	(2.54)	(2.46)
VClist_Syndicate	0.161***	0.161***	0.259***	0.257***
	(5.54)	(5.19)	(5.35)	(5.10)
VClist_Multistage	0.021	0.016	0.033	0.024
	(0.91)	(0.64)	(0.84)	(0.60)
VClist_Leader	0.089***	0.043	0.126**	0.030
	(2.86)	(1.27)	(2.46)	(0.56)
VClist_City	−0.023	−0.047*	−0.021	−0.064
	(−0.89)	(−1.78)	(−0.51)	(−1.49)
VClist_Industry	−0.070***	−0.042*	−0.111***	−0.061
	(−3.19)	(−1.82)	(−3.07)	(−1.61)
Constant	0.154***	0.063	−0.010	−0.184*
	(3.34)	(1.01)	(−0.13)	(−1.83)
Observations	972	838	972	838
R-squared	0.115	0.148		

注：表中的括号内为 t 值，***、**、* 分别表示系数在 1%、5%、10% 水平下显著。

(3) 被投资企业层面

本研究以被投资企业为观测样本来进一步研究职业背景迥异的风险投资家的业绩差异。样本中多数企业都接受过不止一位风险投资家的投资,为了尽可能将风险投资对企业的影响细分到个人,借鉴 Nahata et al. (2009)的研究,本研究为每家企业寻找了其 IPO 之前、样本期间内接受的最重要的一笔投资(金额最大、时间最早)的投资人,称其为该企业的"首席风险投资家",并探讨风险投资家职业背景对被投资企业 IPO 的影响。

表 4.6 所示的结果进一步支持了先前结论,那些被金融背景风险投资家主要投资的企业,确实会有更大的概率 IPO。

表 4.6 首席风险投资家职业背景与 IPO 率(被投资企业层面)

变量	(1)	(2)
	Probit 模型	
Finance	0.138**	0.131*
	(2.10)	(1.79)
Gender		−0.019
		(−0.16)
Edu1		0.157
		(0.39)
Edu2		0.165
		(1.20)
Edu3		−0.040
		(−0.35)
VClist_Performance		−0.082*
		(−1.88)
VClist_avgSize		−0.047
		(−1.16)
VC_Chinese	0.370***	0.363***
	(5.34)	(4.60)
VC_Foreign	0.039	0.030
	(0.43)	(0.30)

续表

变量	(1)	(2)
	Probit 模型	
Stage	−0.574***	−0.573***
	(−8.53)	(−7.87)
Local	−0.013	−0.039
	(−0.18)	(−0.51)
Syndicate	0.458***	0.476***
	(6.80)	(6.56)
Multistage	0.072	0.035
	(0.89)	(0.41)
SyndicateLeader	−0.392***	−0.363***
	(−3.77)	(−3.21)
City	0.075	0.055
	(0.99)	(0.66)
Industry	−0.162**	−0.179***
	(−2.55)	(−2.59)
Constant	−0.414***	−0.233
	(−3.06)	(−1.05)
是否控制投资年份	NO	NO
Observations	2 319	2 001

注：表中的括号内为 *t* 值，***、**、* 分别表示系数在 1%、5%、10%水平下显著。

以上三个层面的回归都得到了十分显著的结果，说明无论从投资项目、个人业绩还是企业角度来看，金融背景风险投资家都比实业背景风险投资家更为成功。因此，假设 H1 得到验证。

结合前文的理论分析，接下来本章试图从投资策略、企业融资、承销商声誉和 IPO 抑价率四个角度探究这一结果背后的深层机理。

4.4.2 风险投资家职业背景与投资策略

以实现投资回报率最大化为目标，每个风险投资家会根据自己的优劣势和以往的投资经验制定一套自己的投资准则，这些准则能够反映在具体的投资策略上。基于风险投资项目层面,表 4.7 报告了以各种投资策略为被解释变量进行的回归。

表 4.7 风险投资家职业背景与投资策略

变量	(1) Syndicate	(2) Multistage	(3) SyndicateLeader	(4) Local
Finance	−0.205***	−0.113**	0.122**	−0.225***
	(−4.75)	(−2.53)	(2.51)	(−4.82)
Gender	−0.280***	−0.155**	0.059	0.135**
	(−4.24)	(−2.40)	(0.83)	(1.97)
Edu1	−0.690**	0.081	−0.342	1.070***
	(−2.57)	(0.29)	(−1.20)	(3.40)
Edu2	−0.198***	0.035	0.129	0.144*
	(−2.72)	(0.49)	(1.64)	(1.91)
Edu3	−0.240***	−0.056	0.060	0.089
	(−4.12)	(−0.99)	(0.99)	(1.51)
VClist_Performance	−0.090***	0.070***	−0.033	0.032
	(−3.59)	(2.77)	(−1.20)	(1.25)
VClist_avgSize	0.067***	0.038	0.074***	−0.042
	(2.64)	(1.54)	(2.73)	(−1.62)
VC_Chinese	−0.392***	−0.431***	0.096*	0.609***
	(−8.54)	(−9.01)	(1.86)	(12.45)
VC_Foreign	−0.029	−0.079	−0.333***	−0.060
	(−0.54)	(−1.54)	(−5.95)	(−1.08)
Stage	−0.318***	−0.020	0.390***	0.154***
	(−7.36)	(−0.46)	(8.58)	(3.39)
City	0.093*	0.294***	−0.143***	1.358***
	(1.89)	(5.56)	(−2.59)	(21.62)
Industry	0.245***	0.336***	−0.237***	0.082*
	(6.01)	(8.06)	(−5.28)	(1.93)
Constant	0.979***	−0.565**	0.899***	−1.894***
	(4.44)	(−2.38)	(3.21)	(−7.99)
是否控制投资年份	YES	YES	YES	YES
Observations	4 948	4 948	4 426	4 946

注:表中的括号内为 t 值,***、**、* 分别表示系数在 1%、5%、10% 水平下显著。

从实证结果中发现,金融背景风险投资家的投资风格相比于实业背景风险投资家的投资风格更加激进,具体表现在以下几个方面:第一,金融背景风险投资家更不喜欢进行联合投资,也不倾向于进行多阶段投资,即使在联合投资中也更愿意担任领投者;第二,金融背景风险投资家更不倾向于投资本地企业,相比于实业背景风险投资家,金融背景风险投资家更愿意投资非本地企业。因此,假设 H2a 得到验证。

4.4.3 风险投资家职业背景与企业融资

本节基于投资项目层面,分别从股权融资和债务融资的角度研究不同职业背景的风险投资家对企业后续融资的影响。具体地,将本轮 VC 融资距离企业下一轮 VC 融资所间隔的时间(Duration)作为企业获得后续股权投资的难易程度的代理变量,将企业上市前一年年末资产负债表中的"长期借款"规模占总"资产"的比重(Loan)作为企业获得的债务融资规模的代理变量。最后,本研究还将企业 IPO 时的"长期借款"与"应付债券"两项之和在总"资产"中的占比(Debt)作为衡量企业债务规模的代理变量进行检验。

控制了风险投资家个人特征及交易特征后,首先,表 4.8 的第(1)列和第(2)列结果表明,金融背景风险投资家在投资企业时,单笔资金规模显著大于实业背景风险投资家,说明金融背景风险投资家的投资能力更强;其次,表 4.8 的第(3)列和第(4)列结果表明,金融背景风险投资家更有资源或能力为企业争取到更快的后续 VC 融资;最后,表 4.8 的第(5)列至第(8)列结果表明,金融背景风险投资家更有资源或能力为企业争取到更多的债务融资,进而有力地保证了企业研发等活动顺利实施,为企业成功上市创造条件。综上所述,相较于实业背景风险投资家,金融背景风险投资家具备更多股权融资市场和债权融资市场中的社会网络资源。因此,假设 H2b 得到验证。

表 4.8　风险投资家职业背景对企业融资的影响

变量	(1) Amount	(2) Amount	(3) Duration	(4) Duration	(5) Loan	(6) Loan	(7) Debt	(8) Debt
Finance	0.217*** (6.90)	0.168*** (4.99)	−0.083* (−1.95)	−0.092** (−1.97)	0.009* (1.85)	0.009* (1.69)	0.008* (1.72)	0.008 (1.61)

续表

变量	(1) Amount	(2) Amount	(3) Duration	(4) Duration	(5) Loan	(6) Loan	(7) Debt	(8) Debt
Gender		−0.021		−0.004		0.003		0.002
		(−0.41)		(−0.06)		(0.43)		(0.32)
$Edu1$		−0.036		−0.192		0.014		0.013
		(−0.18)		(−0.57)		(0.48)		(0.44)
$Edu2$		0.047		−0.100		0.008		0.007
		(0.80)		(−1.37)		(0.91)		(0.79)
$Edu3$		0.025		−0.034		0.008		0.008
		(0.54)		(−0.58)		(1.16)		(1.08)
$VClist\_Performance$		0.002		−0.003		0.001		0.001
		(0.51)		(−0.62)		(0.24)		(0.17)
$VClist\_avgSize$		0.192***		0.029		−0.001		−0.001
		(10.68)		(1.13)		(−0.37)		(−0.30)
$VC\_Chinese$	−0.398***	−0.291***	−0.160***	−0.151***	0.008	0.007	0.008*	0.008
	(−11.74)	(−7.95)	(−3.50)	(−2.88)	(1.63)	(1.30)	(1.65)	(1.30)
$VC\_Foreign$	0.263***	0.275***	−0.007	0.005	−0.008	−0.015	−0.008	−0.016
	(6.19)	(6.12)	(−0.14)	(0.09)	(−0.76)	(−1.25)	(−0.78)	(−1.27)
$Stage$	−0.516***	−0.490***	0.182***	0.211***	−0.008*	−0.008	−0.008*	−0.007
	(−16.07)	(−14.67)	(4.07)	(4.45)	(−1.79)	(−1.47)	(−1.78)	(−1.38)
$Local$	−0.106***	−0.088**	−0.032	−0.029	0.001	−0.000	0.000	−0.000
	(−3.18)	(−2.57)	(−0.77)	(−0.67)	(0.10)	(−0.03)	(0.05)	(−0.00)
$Syndicate$	0.110***	0.109***	0.023	0.048	0.005	0.006	0.004	0.005
	(3.39)	(3.21)	(0.52)	(1.02)	(0.99)	(1.18)	(0.76)	(0.99)
$Multistage$	−0.140***	−0.182***	−0.039	−0.049	−0.003	−0.006	−0.003	−0.007
	(−4.36)	(−5.50)	(−1.02)	(−1.20)	(−0.52)	(−1.11)	(−0.59)	(−1.15)
$SyndicateLeader$	0.489***	0.429***	0.016	0.033	−0.009*	−0.007	−0.009*	−0.007
	(12.94)	(10.93)	(0.36)	(0.70)	(−1.76)	(−1.17)	(−1.79)	(−1.25)
$City$	−0.057	−0.056	0.169***	0.151**	−0.010**	−0.011*	−0.010*	−0.011*
	(−1.53)	(−1.44)	(3.01)	(2.52)	(−2.02)	(−1.95)	(−1.95)	(−1.91)
$Industry$	−0.103***	−0.092***	0.030	0.011	−0.005	−0.005	−0.005	−0.005
	(−3.34)	(−2.91)	(0.71)	(0.26)	(−1.06)	(−1.05)	(−1.05)	(−1.10)

续 表

变量	(1) Amount	(2) Amount	(3) Duration	(4) Duration	(5) Loan	(6) Loan	(7) Debt	(8) Debt
Constant	1.446***	1.384***	3.128***	3.128***	0.139**	0.027	0.256***	0.029
	(8.80)	(7.70)	(11.36)	(9.43)	(2.52)	(1.00)	(4.58)	(1.06)
是否控制年份	YES	YES	YES	YES	YES	YES	YES	YES
Observations	3 033	2 689	2 222	1 969	658	576	658	576
R-squared	0.252	0.289	0.081	0.084	0.089	0.082	0.101	0.080

注：表中的括号内为 t 值，***、**、* 分别表示系数在 1%、5%、10%水平下显著。

4.4.4 风险投资家职业背景与承销商声誉

借鉴 Megginson et al.(1991)的研究，本研究通过衡量企业 IPO 当年承销商在证券承销市场的份额构造承销商声誉的代理变量。即按照承销业务总金额排名，选取前 10%的承销商作为高声誉承销商，其余为非高声誉承销商。本研究选择将是否联合投资($Syndicate$)、企业 IPO 前两个月内沪深两市 IPO 数量($Market$)、企业 IPO 前一年年末平均净资产收益率(ROE)等可能影响 IPO 抑价率的因素作为控制变量。此外，本研究还控制了个人特征、VC 机构特征、交易特征及企业财务特征、地区、IPO 年份和企业所处行业等变量。

通过对企业层面的数据进行实证检验(见表 4.9)，发现模型中 $Finance$ 的系数显著为正，说明相比于实业背景风险投资家，金融背景风险投资家投资的企业在上市之前能够雇佣到声誉更高的承销商。因此，假设 H2c 得到验证。

表 4.9 风险投资家职业背景与承销商声誉

变量	(1)	(2)
Finance	0.678**	0.594*
	(2.38)	(1.81)
Gender		−0.452
		(−0.74)
Edu2		−0.994
		(−1.50)

续 表

变量	(1)	(2)
$Edu3$		−0.137
		(−0.27)
$VClist\_Performance$		−0.262
		(−1.20)
$VClist\_avgSize$		0.214
		(0.91)
$VC\_Chinese$	−0.327	0.062
	(−1.03)	(0.16)
$VC\_Foreign$	0.602	0.955
	(0.84)	(1.22)
$Local$	0.187	0.084
	(0.60)	(0.23)
$Syndicate$	0.464*	0.459
	(1.65)	(1.49)
$Multistage$	0.728*	0.862**
	(1.93)	(2.00)
$Stage$	−0.175	−0.123
	(−0.58)	(−0.35)
$Market$	0.001	−0.003
	(0.12)	(−0.27)
$City$	0.705**	0.838**
	(2.08)	(2.26)
ROE	−2.785	−4.482
	(−1.13)	(−1.64)
$Leverage$	−0.031	−0.081
	(−0.37)	(−0.85)
$TobinsQ$	0.581	0.992*
	(1.17)	(1.89)

续 表

变量	(1)	(2)
MarketValue	0.000*	0.000**
	(1.91)	(1.96)
Industry	−0.203	0.034
	(−0.66)	(0.09)
Constant	−1.627	−1.314
	(−1.26)	(−0.76)
是否控制 IPO 年份	YES	YES
Observations	311	262

注：表中的括号内为 t 值，***、**、* 分别表示系数在 1%、5%、10%水平下显著。

4.4.5 风险投资家职业背景与 IPO 抑价率

"认证假说"（Barry et al.，1990；Megginson et al.，1991）认为，风险投资家被二级市场投资者视作具备监督治理功能的投资者，其参与行为可以降低市场与企业间的信息不对称程度，从而降低 IPO 的抑价率。此外，高声誉的承销商同样被认为具有"认证"作用，可以降低风险抑价率（Carter et al.，1990）。通过比较不同背景风险投资家投资企业的 IPO 抑价率情况（见表 4.10），本研究发现金融背景风险投资家投资的企业相比于实业背景风险投资家投资的企业可以获得更低的 IPO 抑价率。因此，假设 H2d 得到验证。

表 4.10 上市企业 IPO 抑价率统计

	统计变量	(1)金融背景风险投资家投资的企业	(2)实业背景风险投资家投资的企业	组间差异的显著性
抑价率/%	均值(等权重)	37.764	48.237	−10.473** (−2.00)
	中位数	43.976	43.981	
	最小值	−11.455	−11.455	
	最大值	329.323	329.323	
	标准差	39.116	55.582	

续表

统计变量		(1)金融背景风险投资家投资的企业	(2)实业背景风险投资家投资的企业	组间差异的显著性
调整后的抑价率/%	均值(等权重)	37.160	47.169	−10.009**
	中位数	40.649	41.146	
	最小值	−11.981	−11.981	(−1.91)
	最大值	327.533	327.533	
	标准差	38.790	55.641	
观测数		148	232	

注：①括号中为 t 值，***、**、* 分别表示第(1)组均值在 1%、5%、10% 水平上显著低于第(2)组均值。②调整后的抑价率指初始抑价率减去发行公告日至 IPO 首日上证综指的涨跌率。③为了消除极值的影响，本研究对抑价率做了 1% 和 99% 的 winsorize 处理。

4.4.6 稳健性检验

(1) 校正样本自选择偏差

当某些风险投资家能够更好地为企业提供增值服务时，这些风险投资家在挑选高质量企业进行投资上将占有优势。因此，在选择风险投资家的过程中，存在企业考虑战略目标、市场制度等外生原因而选择某种特定职业背景的风险投资家的可能，特定职业背景的风险投资家也有可能凭借自身资源寻找具备某些特质的企业，对其进行投资，这些都会导致自选择偏差问题。

为了分离出职业背景差异对投资业绩的影响，本研究构造特征相似的两类投资项目再次进行检验。首先，采用倾向得分匹配法(Propensity Score Matching，PSM)将每个金融背景风险投资家投资的项目与三个实业背景风险投资家投资的项目进行匹配，共得到 5 376 条观测。匹配要素考虑了风险投资家特征、企业特征、项目特征、VC 机构特征和投资的年份。表 4.11 的第(1)列和第(2)列是对数据的平衡性检验，可以看出匹配后的数据对匹配变量的敏感性大大降低。根据 pstest 检验结果，匹配后的各变量的数据偏离度均小于 10%。然后，利用匹配后的样本进行 Probit 回归，表 4.11 的第(3)列和第(4)列结果同表 4.4 保持一致，表明相较于实业背景风险投资家，金融背景风险投资家投资的项目更容易通过 IPO 退出。

表 4.11　稳健性检验:风险投资家职业背景与 IPO 退出率(项目层面)

变量	(1)	(2)	(3)	(4)
	数据平衡性检验		匹配后样本的模型检验	
	匹配前	匹配后		
	Finance		*IPO*	
Finance			0.201***	0.196***
			(4.49)	(4.37)
Gender	−0.665***	−0.042		−0.147***
	(−9.79)	(−0.81)		(−2.66)
Edu2	0.208**	0.219***		0.059
	(2.50)	(2.81)		(0.73)
Edu3	0.414***	0.114*		0.007
	(6.29)	(1.82)		(0.11)
VClist_Performance	−0.054*	0.046*		0.093***
	(−1.89)	(1.80)		(3.37)
VClist_avgSize	0.226***	0.000		−0.010
	(8.52)	(0.02)		(−0.43)
VC_Chinese	0.257***	0.080	0.417***	0.443***
	(4.87)	(1.60)	(8.09)	(8.27)
VC_Foreign	0.731***	0.017	−0.056	−0.026
	(12.86)	(0.35)	(−1.16)	(−0.52)
Stage	−0.169***	0.063	−0.593***	−0.598***
	(−3.61)	(1.54)	(−14.14)	(−14.12)
Local	−0.238***	0.008	0.116**	0.109**
	(−5.01)	(0.18)	(2.44)	(2.29)
Syndicate	−0.187***	0.041	0.286***	0.296***
	(−3.87)	(0.92)	(6.11)	(6.25)
Multistage	−0.061	−0.024	0.200***	0.188***
	(−1.33)	(−0.57)	(4.57)	(4.26)
SyndicateLeader	0.028	0.103**	−0.052	−0.044
	(0.53)	(2.12)	(−1.07)	(−0.90)
City	−0.197***	−0.025	0.056	0.056
	(−3.60)	(−0.52)	(1.14)	(1.13)

续表

变量	(1)	(2)	(3)	(4)
	数据平衡性检验		匹配后样本的模型检验	
	匹配前	匹配后		
	Finance		*IPO*	
Industry	−0.104**	0.075*	−0.138***	−0.135***
	(−2.32)	(1.86)	(−3.25)	(−3.16)
Constant	−0.342	−0.556*	−0.415	−0.365
	(−1.23)	(−1.79)	(−1.32)	(−1.12)
是否控制投资年份	YES	YES	YES	YES
Observations	4 401	5 364	5 364	5 364

注：表中的括号内为 t 值，***、**、* 分别表示系数在1%、5%、10%水平下显著。

(2) 解决遗漏变量引起的内生性问题

除了在模型中已经控制的变量，还有可能存在其他企业特征导致金融背景风险投资家更可能与IPO潜力高的创业企业合作，而这些特征并未被观测到。为了排除遗漏变量导致的内生性问题，参考Bottazzi et al. (2008)的做法，本研究选取"企业所在省份金融背景风险投资家占比"作为工具变量(IV)，进行IVProbit模型回归。选择工具变量的主要理论依据：一是该工具变量与被解释变量（企业能否IPO）之间相关性很低。单个企业与风险投资家之间的选择或许具有内生性，但是金融背景风险投资家在本地区的可得性却是外生的。并且，一旦企业选择了某个风险投资家作为投资者，其未来能否成功IPO便与其他风险投资家相关性很低。二是该工具变量与解释变量（风险投资家是否具有金融背景）之间相关性较高。经大量文献验证，风险投资对目标企业的选择具有"本地倾向"性，即受代理风险、交流成本、信息可得性等因素影响，风险投资更可能与处于同一地区的企业达成投资协议。因此，企业能否被金融背景风险投资家投资在一定程度上与企业所在地区金融背景风险投资家的可得性有关。综上所述，该工具变量满足选取标准。

从表4.12所示的结果中可以看出：借助于工具变量，无论是对于原样本还是对于经过PSM方法匹配后的样本，变量 *Finance* 的系数均显著为正，表明在使用工具变量的情况下，金融背景风险投资家的投资业绩显著强于实业背景风险投资家的投资业绩。

表 4.12 稳健性检验:风险投资家职业背景与 IPO 退出率(Ⅳ)

变量	(1) 原始样本	(2) 经 PSM 后的样本
	IPO	
$Finance$	1.924**	2.211***
	(2.33)	(2.90)
$Gender$	0.384	−0.014
	(1.51)	(−0.09)
$Edu1$	0.230	—
	(1.04)	—
$Edu2$	−0.053	−0.124
	(−0.42)	(−0.79)
$Edu3$	−0.267**	−0.065
	(−2.52)	(−0.89)
$VClist\_Performance$	0.055**	0.001
	(2.27)	(0.02)
$VClist\_avgSize$	−0.132*	−0.002
	(−1.79)	(−0.08)
$VC\_Chinese$	0.159	0.089
	(0.47)	(0.23)
$VC\_Foreign$	−0.501***	−0.013
	(−2.62)	(−0.25)
$Stage$	−0.223	−0.275
	(−0.74)	(−0.51)
$Local$	0.080	0.034
	(0.76)	(0.33)
$Syndicate$	0.394	0.140
	(1.37)	(0.27)
$Multistage$	0.173*	0.084
	(1.90)	(0.51)
$SyndicateLeader$	0.054	−0.030
	(0.46)	(−0.14)
$City$	0.159**	0.049
	(2.51)	(0.76)

续 表

变量	(1) 原始样本	(2) 经 PSM 后的样本
	IPO	
Industry	−0.025	−0.124
	(−0.26)	(−1.07)
Constant	−1.041***	−0.883*
	(−4.28)	(−1.70)
是否控制投资年份	YES	YES
Observations	4 342	5 266

注：表中的括号内为 t 值，***、**、* 分别表示系数在 1%、5%、10% 水平下显著。

需要指出的一点是，无论是 PSM 还是 IV，只能尽可能地控制选择效应和遗漏变量引起的内生性问题，但不能完全排除金融背景风险投资家选择潜力更高的企业进行投资的可能性。因此，本研究并未否认金融背景风险投资家对企业的选择效应，而是在此基础之上，肯定了金融背景风险投资家对企业 IPO 的促进作用。无论是挑选优质企业，还是为企业 IPO 贡献价值，都是风险投资家取得良好投资业绩的关键。

（3）子样本检验

按照需求动机，企业引入风险投资的情况分为两种，一种是在企业初创阶段为解决资金需求而引入风险投资，另一种是在企业改制阶段为促进上市而引入风险投资。相较于前者，后者所涉及的投资行为具有更多私募股权投资特征。因此，如果剔除成熟阶段的投资项目，仅保留初创阶段的投资项目，可以使样本更加符合典型意义上对风险投资的定义范畴。按照这一思路，本研究对风险投资家的职业背景与投资业绩的关系再次进行检验。表 4.13 的结果同表 4.4 保持一致，说明在子样本情况下，金融背景风险投资家投资项目的 IPO 退出率依然高于实业背景风险投资家投资项目的 IPO 退出率。

表 4.13　稳健性检验：风险投资家职业背景与 IPO 退出率（仅基于初创阶段的投资项目）

变量	(1)	(2)	(3)	(4)
	Probit 模型		Cox 模型	
Finance	0.218***	0.209***	0.282***	0.284***
	(3.67)	(3.20)	(3.30)	(2.98)

续 表

变量	(1)	(2)	(3)	(4)
	Probit 模型		Cox 模型	
$Gender$		−0.116		−0.189
		(−1.24)		(−1.46)
$Edu2$		−0.204***		−0.305***
		(−2.64)		(−2.83)
$Edu3$		−0.188*		−0.364**
		(−1.81)		(−2.44)
$VClist\_Performance$		0.024		0.041
		(0.62)		(0.69)
$VClist\_avgSize$		−0.003		−0.047
		(−0.07)		(−0.86)
$VC\_Chinese$	0.490***	0.536***	0.826***	0.858***
	(7.87)	(7.70)	(8.98)	(8.37)
$VC\_Foreign$	−0.276***	−0.253***	−0.431***	−0.403***
	(−3.46)	(−2.93)	(−3.39)	(−2.93)
$Local$	−0.046	−0.048	−0.122	−0.118
	(−0.80)	(−0.77)	(−1.40)	(−1.27)
$Syndicate$	0.420***	0.416***	0.643***	0.633***
	(6.91)	(6.39)	(6.98)	(6.45)
$Multistage$	0.238***	0.213***	0.289***	0.266***
	(4.16)	(3.53)	(3.51)	(3.07)
$SyndicateLeader$	−0.099	−0.074	−0.206**	−0.161*
	(−1.52)	(−1.08)	(−2.27)	(−1.68)
$City$	−0.028	−0.047	−0.037	−0.051
	(−0.38)	(−0.60)	(−0.35)	(−0.46)
$Industry$	−0.258***	−0.233***	−0.381***	−0.332***
	(−4.54)	(−3.83)	(−4.56)	(−3.73)
$Constant$	−0.916***	−0.660**		
	(−3.74)	(−2.32)		
是否控制投资年份	YES	YES	YES	YES
$Observations$	3 525	3 127	3 525	3 127

注：表中的括号内为 t 值，***、**、* 分别表示系数在1%、5%、10%水平下显著。

本 章 小 结

本章的研究结果整体支持了这样一种逻辑关系：基于社会网络视角，金融背景风险投资家的投资业绩优于实业背景风险投资家的投资业绩，表现为所投项目有更高的IPO退出率。究其背后机理，发现金融背景风险投资家能够借助于其在金融领域的社会网络和声誉资源更好地支持被投资企业，例如，有助于被投资企业更快获得下一轮VC融资，并且在IPO过程中能帮助企业雇佣更好的承销商。相对于实业背景风险投资家的创业网络，金融背景风险投资家的金融网络范围更广，源自金融行业本身较强的跨区域、跨行业特点。因此，金融背景风险投资家比实业背景风险投资家表现出更激进的投资风格，本地偏好程度更低。在网络深度方面，金融背景风险投资家也略占优势。借助于其在分析师领域、承销商领域的资源，金融背景风险投资家可以促使企业IPO前的信息快速传导至股票公开发行市场，降低投资者与企业间的信息不对称程度，从而使被投资企业在IPO过程中获得的估值更高，抑价率更低。

虽然本章从企业IPO角度给出了"谁是更成功的风险投资家"这一问题的答案，但这并不代表实业背景风险投资家没有可取之处。他们所具备的创业经验和监督管理能力对企业来说仍是十分宝贵的财富，有可能在企业创新、股票长期业绩等方面贡献得更多，本书尚未涉及此方面的研究。本书的最大贡献在于将中国针对风险投资机构背景的研究范围延伸至风险投资家个人职业背景层面，国内学术领域虽有人尝试，但尚未产生代表性的观点，未来希望看到更多此方面的研究。

第5章 政治背景对投资绩效的影响：基于政治关联的视角

政治背景是企业的一项重要资源,它能够帮助企业争取到更多获利性强的政府合同、对竞争对手施加关税、降低监管要求等(Agrawal et al.,2001)。目前关于企业家政治背景的研究较多,但相比于企业家政治背景带来的政治资源,风险投资家政治背景作用的范围更广,不仅能对特定企业发挥作用,还能影响一个行业或者一个地区。

从现实情况来看,风险投资机构更愿意雇佣具有政治背景的投资家,尤其热衷于将具有证券监督部门工作经历的从业者纳入投资决策团队中,这些行为反映了风险投资行业对政治背景性的重视。究其原因,无论是从VC机构低成本获取潜在优秀项目合作的角度,还是从后期为企业成长提供便利性和保护性进而获取高回报率的角度,拥有政治背景的风险投资家似乎都更胜一筹。然而,风险投资家的政治背景性对投资项目造成的影响是否真的有益无害？风险投资家是否会因为具有政治背景而在获取政治资源的同时需要承担额外的政治成本,或者增加决策失误的概率？目前对此学术界并无定论,实务界也未有明显的证据证明。

5.1 理论机制与研究假设

政府官员影响企业价值的主要方法有:授予获利性强的政府合同、对竞争对手施加关税、降低监管要求等(Agrawal et al.,2001)。而站在企业角度,政治背景可以帮助企业突破各种管制和进入壁垒(杨其静 等,2010),帮助企业获得银行的廉价贷款(张敏 等,2010;于蔚 等,2012;马晓维 等,2010;罗党论 等,2012),帮助企业获得政府的直接补贴(徐业坤 等,2013)。在中国,政治资源已经成为调控企业成长的重要手段之一(杨其静,2011)。

有关政治资源的重要性及其对企业价值的影响的文献是相对有限的。在已有文献中,大部分都支持政治资源增加企业价值的观点,尤其是在法律体制比较弱的国家,政治资源对企业价值的影响更大。Fisman(2001)考察了印度尼西亚与苏哈托家族有关联的企业,发现在有关苏哈托总统的健康状况恶化的信息公告后这些企业的价值下降了。通过研究许多国家的政治资源,Faccio(2006)发现大部分有政治背景的企业是在那些有较高腐败程度和较弱法律体制的国家上市的,她还发现当这些企业的高管进入政治领域后企业价值增加了。Faccio et al. (2006)发现,当政治人物的非正常死亡公告后,位于政治人物家乡的企业价值下降了。Faccio et al. (2006)通过证明拥有政治背景的企业更可能由政府保释,发现了政治资源创造价值的一种新方式。Ferguson et al. (2008)的证据显示,在德国,有政治背景公司比无政治背景公司股票报酬率要高出大约5%~8%。

但政治资源也可能对企业成长起反向作用,如不利于企业创新。相比于依靠政府补贴等方式扩大经营,企业的创新成本高得多。不完善的法制和低水平的产权保护制度使创新企业和创新产品不能得到有效保护,企业收益低且风险大(罗党论 等,2009)。假设企业用于发展的资源是一定的,当获取政治背景的收益较高或成本较低时,企业就会主动谋求政治背景而减少创新的投入(党力 等,2015),但创新能力才是初创型企业赶超成熟企业,保持持久竞争力的关键。

在有关政治背景与企业价值之间关系的文献中,大多数文献是从企业内部经理层(主要是高管人员)与政府存在关联的角度出发来研究该政治背景对企业价值的影响,少有从外部人员(如风险投资家)政治背景的角度进行考察的文献。研究后者和研究前者的主要区别是:风险投资机构作为企业外部的独立机构,是企业成立之后出现的,因此可以由企业创始人和管理层根据企业发展中实际所需的政治资源类型来选择;另外,风险投资家常常以加入董事会的方式行使对企业的监督职能,这和高管层更多地发挥管理作用有所不同。研究显示,具有政治背景的外部董事确实能够起到政治作用,担任着公司内的政治性角色(Agrawal et al., 2001)。

如前文所述,目前关于风险投资异质性的研究主要还是集中于机构层面,而国有风险投资的政策成效一直是一个充满争议的话题。从公共财政经济学的角度,政府资金在风险投资市场上可以解决资金配置的失灵问题。但是在实际执行过程中,国有风险投资往往是无效率的。一些学者发现政府支持的风险投资与私人部门风险投资在投资效果上有所差异。Brander et al.(2010)研究了加拿大政府风险投资的数据后发现,在上市或并购退出、鼓励创新和专利申请方面,其都弱于私人部门风险投资。在中国,国有风险投资机构退出项目的平均回报率显著低于非国有风险投资机构(钱苹等,2007)。但又有学者通过理论分析认为,在理想情况下,一个成功的政府资金支持的风险投资项目回报率应该低于私人部门的风险投资回报率(Branderder et al.,2010)。Griliches(1992)认为,私人部门要求的回报率与政府资本要求的社会回报率之差介于 50%~100%。总而言之,国有风险投资是以解决市场失灵问题为目的,追求社会效益而非风险投资自身效益的身份存在。

相较于国有风险投资机构,一般风险投资机构如果聘用具备政府机关或事业单位工作经历的风险投资家,既可以获得看似有利的政治资源,又可以避免将社会效益凌驾于自身效益之上这一职责。那么个人政治背景能否提高投资效率?即,具有政治背景的风险投资家的投资业绩是否高于一般风险投资家的投资业绩?对此,我们提出以下假设。

H3:具有政治背景的风险投资家的投资业绩较不具有政治背景的风险投资家的投资业绩更好。

以实现投资回报率最大化为目标,每个风险投资家会根据自己的优劣势和以往的投资经验制定一套自己的投资准则,这些准则能够反映在具体的投资策略上。联合投资和多阶段投资虽然能够有效控制投资风险,但不同投资者之间难免存在争议和利益分歧,还有可能出现"搭便车"行为(Bottazzi et al.,2008,2016),由此本书推断:具有政治背景的风险投资家由于掌握了其他风险投资家所不具备的政治资源,并且这些资源非常稀缺,因此其不希望通过联合投资的方式与其他风险投资家分享这些资源带来的收益。

同时,每个风险投资家都面临着巨大的风险管理问题,而具有政治背景的风险投资家习惯于政府的管控思维,因此对企业存在较强的控制动机。风险投资家担任被投资企业的董事或者监事是参与企业监督治理最直接的方式。该行为对企业的影响是多方面的,他们帮助企业雇佣更加专业的独立董事,实施股票激励期权计划,促使企业采用更低的盈余管理水平。这些不仅能够改善治理情况,还能够有效地制衡管理者权力,从而加速企业成长(Hellmann et al.,2002;Suchard,2009;Hochberg,2012)。据此,我们提出以下假设。

H4a:具有政治背景的风险投资家倾向于采用严格的投后管理代替前期的谨慎投资,即更少采用多阶段投资和联合投资,同时更倾向于在投资后担任企业董事。

政治资源具有区域性特点,无论是政府机关工作经历还是事业单位工作经历,风险投资家所积累的社会网络和政治资源都主要集中在其曾经的工作地。如果政治背景是造成两类风险投资家投资业绩存在差异的主要原因,那么,我们可以提出以下假设。

H4b:相比于一般风险投资家,具有政治背景的风险投资家本地偏好更明显,以确保风险投资家政治资源的存在性和有效性。

在我国管制较强的资本市场中,政治背景往往同社会网络资源和声誉资源相联系,而社会网络资源和声誉资源相结合,可以支持风险投资为企业发挥良好的"认证作用"。因此,我们提出以下假设。

H4c:相比于一般风险投资家,具有政治背景的风险投资家能够为企业争取到高声誉的承销商,并且得到更低的IPO抑价率。

5.2 样本选择与描述性统计

5.2.1 样本选择与数据来源

本章样本来源于2001—2012年期间的中国非金融企业的6 284起融资事件,及所涉及的2 030位风险投资家和4 671家企业。为了准确细分风险投资家的政治背景对投资成效的影响,并进一步明确政治背景的来源,本章将风险投资家划分为四种。在2 030位风险投资家中,有40位"既有政府机关工作经历,又有事业单位工作经历",78位"仅有政府机关工作经历",161位"仅有事业单位工作经历",1 291位"没有政府机关或事业单位工作经历",剩下460位未公布职业经历。本章将未公布职业经历的风险投资家及其涉及的风险投资项目排除。

筛选后的样本分为三个层面:一是投资项目层面,包含由"投资人""企业""投资时间"确定的8 410条观测。具体包括每位风险投资家主导的每起投资事件,用来考察不同背景的风险投资家单笔投资的结果。如果同一轮投融资有多位风险投资家共同出资参与,则该轮投资按照投资家人数被分割成多条观测。二是风险投资家层面,包含由"投资人"确定的1 570条观测。具体包括1 570位风险投资家,用来考察风险投资家的历史业绩。为了防止同名问题造成的研究偏差,在识别风险投资家时考虑其任职的VC机构。因此,若同一风险投资家曾任职于多个不同机构,则其被当作多个风险投资家分别考虑。三是被投资企业层面,包含由"企业"确定的2 834条观测。具体包括2 834家中国内地受风险投资支持的企业,其中,400家在沪、深证券市场上市,217家在海外上市,用来考察企业接受不同背景风险投资家的投资之后的表现。为了尽可能将风险投资对企业的影响细分到个人,本章为每家企业寻找其2001—2012年期间接受的最重要的一笔投资(金额最大、时间最早)的投资人,称其为该企业的"首席风险投资家"。

除了风险投资家数据,研究中还涉及企业财务、企业IPO首日表现、承销商声誉等数据,这些均来自国泰安数据库和Wind数据库,为了确保数据的准确性和完整性,作者进行了不同数据库数据之间的复核、补充工作。

5.2.2 变量定义和描述性统计

与样本描述保持一致,研究中使用的变量也分为投资项目、风险投资家、被投资企业三个层面,对变量的定义和统计特征分别见附录1和表4.1。

(1) 被解释变量

被解释变量主要涵盖了三个方面:一是对交易结果的描述,包括投资是否以IPO方式退出(IPO)、是否担任企业董事或监事职务($Director$)。对于样本中所有2001—2012年期间接受VC的企业,本书认为其如果在2017年年底之前还不能公开上市,则不具备公开上市的能力。因为这说明企业从接受VC到上市的等待时间至少为5年,超过了样本中大约80%的上市企业从第一次接受VC融资到上市所需要的时间。二是对风险投资家个人业绩的描述,包括风险投资家2012年以前通过IPO方式退出的项目的比率($IPORate$)。三是对被投资企业IPO具体情况的描述,包括企业是否

IPO(IPO)和承销商声誉($Underwriter$)。

(2) 解释变量

解释变量包括：政治背景、性别($Gender$)、学历(Edu)、VC 行业经验($VClist\_Performance$)、历史平均投资规模($VClist\_avgSize$)等风险投资家个人特征数据；投资阶段($Stage$)、是否属于本地投资($Local$)、是否属于联合投资($Syndicate$)、是否属于多阶段投资($Multistage$)等交易数据；资金来源($VC\_Chinese$、$VC\_Foreign$ 和 VC_Mix)等风险投资机构背景数据；是否属于创新行业($Industry$)、是否位于经济集中省份($City$)等企业特征数据。

其中，风险投资家是否具有政治背景是本章最关心的自变量，本章使用风险投资家是否曾在政府机关或事业单位工作来衡量其是否具有政治背景。根据对样本的不同划分，本章实证内容涉及了三类关于个人政治背景的虚拟变量共同表示，分别是政治背景：风险投资家具有政府机关工作经历($Government$)、政治背景：风险投资家仅有政府机关工作经历($OnlyGovt$)、政治背景：风险投资家仅有事业单位工作经历($OnlyInst$)。

需要指出的是，在统计企业是否 IPO 这一变量的时候，本章考虑企业在海内、海外市场上市的情况(但不包括国内新三板市场)，而在统计与企业 IPO 有关的具体指标时，仅考虑在沪、深两市上市的企业。这样处理的好处一是在检验主要假设(关于企业是否 IPO)时，尽可能多地保留样本，避免样本选择偏误，二是在对假设背后的机制进行验证(关于上市企业 IPO 时的具体情况)时，保证数据来自同一口径。

5.3 回归检验结果与分析

5.3.1 政治背景与风险投资家业绩差异

(1) 投资项目层面

同第 4 章，风险投资家进入 VC 行业之后从事风险投资活动所积累的经验能够对企业 IPO 和风险投资绩效带来一定的促进作用(Hochberg et al.，2007；Sørensen，2007；Nahata，2008)。因此，在实证过程中本研究加入 $VClist\_Performance$ 这一控制变量。类似地,本研究还对风险投资家的学历和历史平均投资规模进行了控制。除此之外,投资策略会影响风险投资对企业的"增值服务"(Tian,2012;吴超鹏 等,2012),进而影响企业 IPO 情况,因此,本研究控制了投资阶段、是否属于本地投资、是否联合投资、是否多阶段投资和是否领投。考虑投资环境的差异性,本研究还控制了被投资企业所属行业和投资年份。

表 5.1 报告了 Probit 模型和 Cox 模型的检验结果。首先,本研究发现 $Government$ 的系数显著为正,如第(1)列和第(4)列的结果。根据一般认识,在衡量政治背景的各种代理变量中,政府机关工作经历强于事业单位工作经历。为了进一步证实两者之间的区别,本研究进一步将样本分为是否仅具有政府机关工作经历($OnlyGovt$),并排除仅具有事业单位工作经历的样本,得到第(2)列和第(5)列的结果;然后,再根据风险投资家是否仅具有事业单位工作经历($OnlyInst$)将样本重新分为两类,并排除仅具有政府机关工作经历的样本,得到第(3)列和第(6)列的结果。本章后面的结果做了类似的划分。

表 5.1 风险投资家政治背景与 IPO 退出率(投资项目层面)

变量	(1)	(2)	(3)	(4)	(5)	(6)
	Probit 模型			Cox 模型		
$Government$	0.235***			0.317***		
	(2.80)			(2.81)		
$OnlyGovt$		0.253**			0.300**	
		(2.33)			(2.10)	
$OnlyInst$			0.049			0.093
			(0.78)			(1.04)
$Gender$	0.046	0.052	0.069	0.090	0.072	0.125
	(0.59)	(0.64)	(0.85)	(0.83)	(0.64)	(1.10)
$Edu1$	−0.203	−0.188	−0.101	−0.509	−0.461	−0.307
	(−0.39)	(−0.36)	(−0.19)	(−0.51)	(−0.46)	(−0.30)
$Edu2$	0.008	0.085	0.017	0.069	0.192	0.103
	(0.10)	(0.93)	(0.19)	(0.60)	(1.50)	(0.84)
$Edu3$	0.001	0.041	0.018	0.019	0.075	0.064
	(0.02)	(0.59)	(0.28)	(0.21)	(0.77)	(0.71)
$VClist\_Performance$	0.881***	0.867***	0.859***	1.279***	1.289***	1.239***
	(11.31)	(10.20)	(10.39)	(13.23)	(12.14)	(11.86)

续 表

变量	(1)	(2)	(3)	(4)	(5)	(6)
	Probit 模型			Cox 模型		
$VClist\_avgSize$	0.111***	0.141***	0.119***	0.150***	0.199***	0.173***
	(4.04)	(4.74)	(4.06)	(4.01)	(4.87)	(4.18)
$VC\_Chinese$	0.344***	0.400***	0.358***	0.491***	0.579***	0.524***
	(6.12)	(6.17)	(5.89)	(6.15)	(6.32)	(5.90)
$VC\_Foreign$	−0.047	−0.022	−0.037	−0.052	−0.016	−0.036
	(−0.77)	(−0.33)	(−0.58)	(−0.61)	(−0.18)	(−0.41)
$Stage$	−0.488***	−0.456***	−0.490***	−0.768***	−0.721***	−0.770***
	(−10.30)	(−8.70)	(−9.94)	(−11.58)	(−9.85)	(−11.08)
$Local$	−0.102*	−0.102*	−0.100*	−0.155**	−0.145*	−0.159**
	(−1.93)	(−1.70)	(−1.81)	(−2.03)	(−1.68)	(−1.98)
$Syndicate$	0.321***	0.340***	0.339***	0.496***	0.534***	0.539***
	(6.21)	(5.80)	(6.23)	(6.54)	(6.14)	(6.66)
$Multistage$	0.296***	0.327***	0.318***	0.449***	0.494***	0.484***
	(6.33)	(6.36)	(6.62)	(7.00)	(6.99)	(7.29)
$SyndicateLeader$	−0.096*	−0.100*	−0.081	−0.131*	−0.138*	−0.107
	(−1.82)	(−1.73)	(−1.49)	(−1.84)	(−1.75)	(−1.43)
$City$	0.083	0.090	0.057	0.152*	0.186**	0.127
	(1.45)	(1.40)	(0.94)	(1.85)	(2.01)	(1.46)
$Industry$	−0.063	−0.064	−0.056	−0.091	−0.065	−0.068
	(−1.35)	(−1.23)	(−1.13)	(−1.36)	(−0.87)	(−0.96)
$Constant$	−0.859***	−1.225***	−0.927***			
	(−2.82)	(−3.28)	(−2.84)			
是否控制投资年份	YES	YES	YES	YES	YES	YES
$Observations$	4 861	3 964	4 519	4 861	3 964	4 519

注：表中的括号内为 t 值，***、**、* 分别表示系数在 1%、5%、10% 水平下显著。

综合来看，政府机关工作经历能够对投资项目的成功退出带来明显促进作用，而风险投资家是否在事业单位工作过对投资业绩的影响不大。除此之外，Cox 模型属于风险比例（PH）模型，与被解释变量为失效时长的加速失效时间（AFT）模型的变量系数正好符号相反，绝对值相等。因此，可直接从 Cox 模型的系数上判定企业从接受投资到 IPO 所需时间与 Government 的值呈反比,即由具有政府机关工作经历的风险投资家投资的项目可以较快地通过 IPO 退出。

(2) 风险投资家层面

与投资项目层面研究一致,本研究依旧控制了学历、历史平均投资规模等个人变量。由于不涉及风险投资家进行的具体投资项目,没有办法直接控制具体交易的特征,所以本研究改用风险投资家的历史投资特征代替。所有关于风险投资家个人特征的变量均来源于对其 2012 年及之前风险投资记录的整理。

表 5.2 报告了 OLS 模型和 Tobit 模型的回归结果,二者差异不大,均与投资项目层面结果一致,说明具有政治背景的风险投资家的投资业绩要显著好于没有政治背景的风险投资家的投资业绩,并且这种政治背景的作用仅在以"是否曾在政府机关工作过"来衡量是否具有政治背景的情况下有效。

表 5.2 风险投资家政治背景与 IPO 退出率(风险投资家层面)

变量	(1)	(2)	(3)	(4)	(5)	(6)
	OLS 模型			Tobit 模型		
$Government$	0.087***			0.135***		
	(3.18)			(3.19)		
$OnlyGovt$		0.096***			0.143***	
		(2.95)			(2.74)	
$OnlyInst$			0.000			0.029
			(0.00)			(0.73)
$Gender$	0.031	0.027	0.027		0.042	0.043
	(1.33)	(1.16)	(1.13)		(1.10)	(1.12)
$Edu1$	0.012	0.057	0.010		0.039	−0.037
	(0.12)	(0.58)	(0.09)		(0.24)	(−0.21)
$Edu2$	0.016	0.048*	0.011		0.062	0.007
	(0.60)	(1.72)	(0.40)		(1.35)	(0.15)
$Edu3$	−0.019	0.003	−0.021		−0.007	−0.044
	(−0.90)	(0.14)	(−0.94)		(−0.19)	(−1.23)
$VClist\_avgSize$	0.052***	0.059***	0.056***		0.119***	0.116***
	(6.48)	(6.85)	(6.58)		(7.98)	(7.88)

续 表

变量	(1)	(2)	(3)	(4)	(5)	(6)
	OLS 模型			Tobit 模型		
$VC\_Chinese$	0.094***	0.099***	0.082***	0.087***	0.155***	0.127***
	(4.99)	(4.84)	(4.17)	(3.03)	(4.60)	(3.88)
$VC\_Foreign$	0.015	0.019	0.010	0.014	0.016	0.001
	(0.73)	(0.92)	(0.50)	(0.44)	(0.45)	(0.03)
$VClist\_Stage$	−0.026	−0.041*	−0.032	−0.140***	−0.061	−0.039
	(−1.14)	(−1.70)	(−1.36)	(−4.22)	(−1.53)	(−0.99)
$VClist\_Local$	0.042**	0.043**	0.040*	0.049	0.061*	0.058
	(2.07)	(1.97)	(1.86)	(1.53)	(1.66)	(1.62)
$VClist\_Syndicate$	0.178***	0.169***	0.161***	0.295***	0.268***	0.252***
	(7.03)	(6.27)	(6.05)	(7.41)	(5.99)	(5.70)
$VClist\_Multistage$	0.020	0.021	0.032	0.036	0.035	0.057
	(0.92)	(0.92)	(1.46)	(1.05)	(0.92)	(1.55)
$VClist\_Leader$	0.080***	0.049	0.070**	0.188***	0.031	0.061
	(2.85)	(1.64)	(2.41)	(4.45)	(0.63)	(1.26)
$VClist\_City$	−0.042*	−0.047**	−0.055**	−0.027	−0.060	−0.071*
	(−1.90)	(−1.97)	(−2.38)	(−0.78)	(−1.52)	(−1.85)
$VClist\_Industry$	−0.039**	−0.043**	−0.038*	−0.105***	−0.064*	−0.053
	(−2.00)	(−2.10)	(−1.84)	(−3.41)	(−1.85)	(−1.56)
Constant	0.012	0.023	0.044	−0.052	−0.241***	−0.218**
	(0.24)	(0.43)	(0.84)	(−0.85)	(−2.70)	(−2.49)
Observations	1 202	1 045	1 102	1 398	1 045	1 102
R-squared	0.126	0.143	0.115			

注：表中的括号内为 t 值，***、**、* 分别表示系数在1%、5%、10%水平下显著。

(3) 被投资企业层面

表 5.3 报告了被投资企业层面的实证结果，本研究试图通过考察首席风险投资家的政治背景来研究其对企业能否 IPO 的影响，只有 $Government$ 的系数显著为正，与前面两个层面的结果基本相符，说明风险投资家在政府机关的工作经历可能会提高被投资企业成功 IPO 的可能性。与政府机关工作经历相比，事业单位工作经历不能为企业 IPO 带来促进作用。

表 5.3　首席风险投资家政治背景与 IPO 率(被投资企业层面)

变量	(1)	(2)	(3)
	Probit 模型		
$Government$	0.216*		
	(1.80)		
$OnlyGovt$		0.158	
		(1.02)	
$OnlyInst$			−0.098
			(−0.96)
$Gender$	−0.081	−0.045	−0.010
	(−0.59)	(−0.32)	(−0.07)
$Edu1$	−0.157	−0.079	−0.153
	(−0.24)	(−0.12)	(−0.23)
$Edu2$	−0.052	0.112	−0.010
	(−0.33)	(0.62)	(−0.06)
$Edu3$	−0.180	−0.025	−0.105
	(−1.43)	(−0.17)	(−0.79)
$VClist\_Performance$	1.293***	1.131***	1.313***
	(9.94)	(7.85)	(9.29)
$VClist\_avgSize$	0.064	0.109**	0.063
	(1.36)	(2.07)	(1.20)
$VC\_Chinese$	0.308***	0.425***	0.313***
	(3.42)	(3.85)	(3.05)
$VC\_Foreign$	0.070	0.056	0.046
	(0.61)	(0.47)	(0.39)
$Stage$	−0.484***	−0.487***	−0.475***
	(−5.96)	(−5.25)	(−5.48)
$Local$	−0.193**	−0.209*	−0.219**
	(−2.14)	(−1.96)	(−2.23)
$Syndicate$	0.381***	0.409***	0.420***
	(4.84)	(4.54)	(5.05)
$Multistage$	0.036	0.068	0.058
	(0.38)	(0.65)	(0.60)

续表

变量	(1)	(2)	(3)
	Probit 模型		
SyndicateLeader	−0.343***	−0.379***	−0.407***
	(−2.71)	(−2.58)	(−3.06)
City	0.241**	0.205*	0.202**
	(2.56)	(1.90)	(2.01)
Industry	−0.083	−0.112	−0.098
	(−1.07)	(−1.27)	(−1.17)
Constant	−0.932***	−1.082***	−0.970***
	(−3.62)	(−3.74)	(−3.56)
是否控制投资年份	NO	NO	NO
Observations	1 824	1 395	1 628

注：表中的括号内为 t 值，***、**、* 分别表示系数在 1%、5%、10%水平下显著。

以上三个层面的回归都得到了一致的结果，说明无论从投资项目、个人业绩还是企业角度来看，具有政治背景的风险投资家都比不具有政治背景的风险投资家更为成功，且这种优势来源于风险投资家曾经在政府机关的工作经历，而非在事业单位的工作经历。据此，假设 H3 得以验证。

结合前文的理论分析，接下来本章试图从投资策略、企业监督治理、承销商声誉、企业 IPO 抑价率四个角度探究这一结果背后的深层机理。

5.3.2 风险投资家政治背景与投资策略及企业监督治理

基于投资项目层面，表 5.4 报告了以各种投资策略为被解释变量进行的回归。从实证结果中发现：第一，相比于一般风险投资家，无论是具有政府机关工作经历的风险投资家还是具有事业单位工作经历的风险投资家，投资风格都更加激进，具体表现在更不倾向于进行联合投资，也不倾向于进行多阶段投资，即使在联合投资中也更愿意担任领投者；第二，具有政治背景的风险投资家更倾向于投资本地企业。风险投资的"本地偏好"已被多次证明，并且被认为其根源在于风险投资与企业之间因距离增加而造成的信息不对称（Sorenson et al.，2001；Chen et al.，2010；Tian，2012；张学勇 等，2016a）。

第5章 政治背景对投资绩效的影响：基于政治关联的视角

表5.4 风险投资家政治背景与投资策略

变量	(1)	(2)	(3)	(4)	(5)	(6)	(7)	(8)	(9)	(10)	(11)	(12)
	Syndicate			Multistage			SyndicateLeader			Local		
Government	-0.475***			-0.382***			0.160*			0.158**		
	(-6.54)			(-4.78)			(1.88)			(2.04)		
OnlyGovt		-0.291***			-0.406***			0.007			0.166	
		(-3.01)			(-3.57)			(0.06)			(1.53)	
OnlyInst			0.337***			-0.057			-0.038			0.234***
			(-6.67)			(-1.09)			(-0.65)			(4.20)
VC_Chinese	0.563***	0.645***	0.573***	0.437***	0.428***	0.433***	0.195***	0.215***	0.262***	0.678***	0.648***	0.648***
	(-12.70)	(-12.65)	(-12.02)	(-9.52)	(-8.17)	(-8.91)	(3.81)	(3.68)	(4.78)	(14.35)	(11.84)	(12.75)
VC_Foreign	-0.119**	-0.213***	-0.169***	-0.145***	-0.113**	-0.149***	-0.254***	-0.249***	-0.248***	-0.462***	-0.551***	-0.427***
	(-2.35)	(-3.95)	(-3.26)	(-2.97)	(-2.19)	(-3.01)	(-4.77)	(-4.44)	(-4.56)	(-7.97)	(-8.87)	(-7.27)
Gender	-0.263***	-0.203***	-0.205***	-0.024	-0.008	-0.002	-0.012	-0.009	0.016	0.327***	0.379***	0.309***
	(-3.93)	(-2.92)	(-3.04)	(-0.37)	(-0.11)	(-0.04)	(-0.17)	(-0.11)	(0.22)	(4.23)	(4.58)	(3.97)
Edu1	-0.930**	-0.985**	-1.179***	0.412	0.439	0.288	-0.581*	-0.565	-0.649*	1.489***	1.429***	1.619***
	(-2.55)	(-2.70)	(-2.82)	(1.23)	(1.29)	(0.80)	(-1.66)	(-1.60)	(-1.78)	(3.25)	(3.11)	(3.12)
Edu2	-0.157**	-0.183**	-0.177**	0.141**	0.189**	0.140**	0.122	0.146*	0.175**	0.241***	0.274***	0.194**
	(-2.24)	(-2.36)	(-2.45)	(2.07)	(2.54)	(2.01)	(1.60)	(1.77)	(2.24)	(3.16)	(3.28)	(2.46)
Edu3	-0.232***	-0.225***	-0.238***	0.030	0.047	0.037	0.088	0.102*	0.111*	0.072	-0.039	0.048
	(-4.37)	(-3.78)	(-4.31)	(0.57)	(0.83)	(0.70)	(1.58)	(1.68)	(1.94)	(1.26)	(-0.62)	(0.81)
VClist_Performance	0.040	0.036	0.039	-0.020	0.024	-0.001	-0.107	-0.118	-0.153*	-0.112	-0.231**	-0.113
	(0.55)	(0.45)	(0.52)	(-0.27)	(0.31)	(-0.01)	(-1.38)	(-1.40)	(-1.89)	(-1.37)	(-2.49)	(-1.31)

续表

变量	(1)	(2)	(3)	(4)	(5)	(6)	(7)	(8)	(9)	(10)	(11)	(12)
		Syndicate			Multistage			SyndicateLeader			Local	
VClist_avgSize	-0.040*	-0.037	-0.045*	0.003	0.018	0.014	0.138***	0.148***	0.164***	-0.161***	-0.164***	-0.164***
	(-1.68)	(-1.45)	(-1.82)	(0.14)	(0.75)	(0.59)	(5.54)	(5.60)	(6.33)	(-6.40)	(-5.94)	(-6.16)
Stage	-0.325***	-0.372***	-0.336***	-0.079*	-0.073	-0.090**	0.460***	0.486***	0.471***	0.103**	0.133**	0.116**
	(-7.78)	(-7.88)	(-7.71)	(-1.94)	(-1.62)	(-2.14)	(10.43)	(10.01)	(10.32)	(2.22)	(2.56)	(2.41)
City	0.144***	0.095*	0.136***	0.296***	0.327***	0.323***	-0.149***	-0.119**	-0.136**	1.476***	1.472***	1.469***
	(3.11)	(1.78)	(2.79)	(6.02)	(5.85)	(6.30)	(-2.84)	(-2.00)	(-2.47)	(21.78)	(17.90)	(20.37)
Industry	0.258***	0.220***	0.251***	0.364***	0.350***	0.349***	-0.279***	-0.274***	-0.288***	0.090**	0.092*	0.100**
	(6.62)	(4.97)	(6.14)	(9.26)	(7.98)	(8.57)	(-6.44)	(-5.62)	(-6.34)	(2.15)	(1.95)	(2.27)
Constant	0.520**	0.881***	0.703***	-0.824***	-0.966***	-0.765***	0.726**	0.429	0.527	-2.155***	-2.095***	-2.038***
	(2.01)	(2.96)	(2.59)	(-2.97)	(-3.00)	(-2.65)	(2.27)	(1.23)	(1.60)	(-7.53)	(-6.05)	(-6.90)
是否控制投资年份	YES	YES	YES	YES	YES	YES	YES	YES	YES	YES	YES	YES
Observations	5 468	4 477	5 110	5 468	4 477	5 110	4 862	3 965	4 520	5 467	4 476	5 109

注：表中的括号内为 t 值，***、**、* 分别表示系数在 1%、5%、10% 水平下显著。

表 5.5 报告了不同政治背景的风险投资家在企业中的任职情况。具有政治背景的风险投资家更倾向于在投资后入驻企业,担任董事或监事,并且具有政府机关工作经历的风险投资家参与企业治理的意愿比具有事业单位工作经历的风险投资家更强。通过这一结果,本研究推断:具有政治背景的风险投资家凭借自身政治资源为企业带来利益,因而需要对企业享有一定的控制权,但相比于其他背景(如金融背景)风险投资家,政治背景风险投资家不能够通过大规模投资,即控股的方式保证自己的控制权,因而更注重自己担任董事或监事的权利。据此,假设 H4a 和 H4b 得以验证。

表 5.5 风险投资家政治背景对其是否担任董监事的影响

变量	(1)	(2)	(3)
	Director		
Government	0.483**		
	(2.50)		
OnlyGovt		0.559**	
		(2.45)	
OnlyInst			0.303*
			(1.86)
VC_Chinese	0.003	−0.005	0.023
	(0.02)	(−0.03)	(0.15)
VC_Foreign	0.097	0.095	0.169
	(0.29)	(0.28)	(0.51)
Gender	−0.052	−0.194	−0.052
	(−0.22)	(−0.81)	(−0.21)
Edu2	0.113	0.168	0.378
	(0.46)	(0.58)	(1.40)
Edu3	0.168	0.316	0.113
	(0.97)	(1.48)	(0.61)
VClist_Performance	1.144***	1.099***	1.272***
	(6.13)	(5.19)	(6.18)
VClist_avgSize	−0.023**	−0.017	−0.025*
	(−2.25)	(−1.57)	(−1.94)

续 表

变量	(1)	(2)	(3)
		Director	
Stage	0.132	0.154	0.172
	(1.01)	(1.05)	(1.21)
Local	0.174	0.226	0.240
	(1.19)	(1.36)	(1.53)
Syndicate	−0.016	−0.006	0.085
	(−0.11)	(−0.04)	(0.56)
Multistage	0.458***	0.442***	0.431***
	(3.37)	(2.93)	(3.01)
SyndicateLeader	0.632***	0.565***	0.665***
	(4.12)	(3.22)	(3.97)
City	−0.111	−0.210	−0.159
	(−0.77)	(−1.31)	(−1.03)
Industry	−0.149	−0.215	−0.182
	(−1.22)	(−1.54)	(−1.37)
Constant	−2.158***	−1.181	−2.121**
	(−2.78)	(−1.19)	(−2.49)
是否控制投资年份	YES	YES	YES
Observations	559	440	496

注：表中的括号内为 t 值，***、**、* 分别表示系数在 1%、5%、10% 水平下显著。

5.3.3 风险投资家政治背景与承销商声誉

IPO 不仅是风险投资退出途径中最为成功的途径，也是判断风险投资家对创业企业的价值贡献的最直接依据。从企业进行股份制改革到上市前辅导，再到筹备和发行申报，以及确定上市后的定价和股份配置，证券承销商作为连接企业与监管层和投资者的信息中介，发挥着至关重要的作用，证券承销商的承销能力直接影响企业 IPO 过程能否顺利进行。

证券市场是以信誉为基础的市场，证券承销商所积累的声誉不仅能反映其承销能力和历史承销业绩，还能进一步通过改变监管层和投资者的印象，影响其未

第 5 章 政治背景对投资绩效的影响:基于政治关联的视角

来承销结果。因此,谋求上市的企业会尽可能地寻找与高声誉证券承销商合作的机会。

借鉴 Megginson et al.(1991)的研究,本研究使用市场份额衡量承销商声誉。通过对企业层面的数据进行实证检验(见表 5.6),发现被具有政府机关工作经历的风险投资家投资的企业在上市时能够雇佣到声誉更高的承销商。

表 5.6 风险投资家政治背景、承销商声誉与 IPO 抑价率

变量	(1)	(2)	(3)	(4)
	$UnderWriter$		$Underpricing$	
$Government$	0.382**	0.460**	−0.085*	−0.112*
	(1.98)	(2.03)	(−1.88)	(−1.90)
$Gender$		−0.459		0.124
		(−1.52)		(1.04)
$Edu1$		−0.626		−0.338
		(−0.91)		(−1.10)
$Edu2$		−0.633**		0.125
		(−2.00)		(1.48)
$Edu3$		−0.127		0.024
		(−0.48)		(0.35)
$IPOrate\_before2$		0.341		−0.017
		(1.25)		(−0.17)
$VClist\_avgSize$		0.031		0.015
		(0.26)		(0.46)
$VC\_Chinese$	−0.201	−0.082	−0.031	−0.014
	(−1.15)	(−0.41)	(−0.61)	(−0.23)
$VC\_Foreign$	0.942**	1.142**	−0.030	−0.010
	(2.18)	(2.46)	(−0.32)	(−0.10)
$Local$	0.148	0.059	0.082	0.108*
	(0.88)	(0.32)	(1.65)	(1.77)
$Syndicate$	−0.084	−0.103	−0.041	−0.053
	(−0.57)	(−0.65)	(−0.87)	(−1.01)
$Multistage$	0.369*	0.308	−0.076	−0.090
	(1.79)	(1.41)	(−1.21)	(−1.30)

续 表

变量	(1)	(2)	(3)	(4)
	UnderWriter		Underpricing	
$Stage$	−0.060	−0.015	0.028	0.058
	(−0.38)	(−0.09)	(0.58)	(0.98)
$Market$	−0.001	−0.003	−0.001	−0.000
	(−0.13)	(−0.49)	(−0.56)	(−0.25)
$Underwriter$			0.025	0.038
			(0.77)	(0.93)
$City$	0.243	0.361*	0.014	0.004
	(1.43)	(1.94)	(0.29)	(0.07)
ROE	−2.769**	−3.051**	−0.462	−0.601
	(−2.41)	(−2.47)	(−1.04)	(−1.23)
$Leverage$	0.011	−0.010	−0.000	0.002
	(0.27)	(−0.24)	(−0.03)	(0.13)
$TobinsQ$	0.036	0.044	−0.005	−0.005
	(1.22)	(1.36)	(−0.53)	(−0.47)
$MarketValue$	0.000**	0.000**	−0.000**	−0.000**
	(2.23)	(2.17)	(−2.27)	(−2.03)
$Industry$	−0.028	0.077	0.047	0.062
	(−0.18)	(0.45)	(0.88)	(1.03)
$Constant$	−0.056	0.321	0.609***	0.400
	(−0.08)	(0.34)	(2.98)	(1.19)
是否控制 IPO 年份	YES	YES	YES	YES
$Observations$	334	296	334	296
$R\text{-}squared$			0.502	0.527

注：表中的括号内为 t 值，***、**、* 分别表示系数在 1%、5%、10% 水平下显著。

5.3.4 风险投资家政治背景与企业 IPO 抑价率

"认证假说"(Barry et al.,1990；Megginson et al.,1991)认为，风险投资家被二级市场投资者视作具备监督治理功能的投资者，其参与行为可以降低市场与企业间的信息不对称程度，从而降低 IPO 的抑价率。此外，高声誉的承销商同样被认为具有

"认证"作用,可以降低 IPO 抑价率(Carter et al.,1990)。通过比较不同背景风险投资家投资的企业的 IPO 抑价率情况(见表 5.6),本研究发现政府背景风险投资家投资的企业可以获得比一般风险投资家投资的企业更低的 IPO 抑价率。据此,假设 H4c 得以验证。

需要指出的是,除了"认证假说",学界针对我国风险投资与抑价率的关系还存在另一种解释,即"逐名动机"(Gompers,1999;Lin et al.,1998;Lee et al.,2004;陈工孟 等,2011)。该理论认为,在我国,风险投资家出于建立自身良好声誉和募集后续资金的目的,可能会急于以 IPO 折价为代价将不成熟的企业较早公开上市,造成抑价率偏高。根据陈工孟 等(2011)的研究,可以通过观察投资到企业上市所需的时间来判断风险投资"逐名动机"的强弱,一般"逐名动机"弱的风险投资家对其参与投资的企业的成长更有耐心,从投资到上市经历的时间也较长。但由表 5.1 中 Cox 模型的结果可以看出,被政府背景风险投资家投资过的企业从接受投资到 IPO 所需的时间显著少于被一般风险投资家投资过的企业从接受投资到 IPO 所需的时间,由此基本可以排除"更低的 IPO 抑价率来自政治背景风险投资家更弱的逐名动机"这一可能。

5.3.5 稳健性检验

根据以上分析,本研究初步认为,具有政府机关工作经历的风险投资家比一般风险投资家拥有更高的投资业绩,而具有事业单位工作经历的风险投资家在投资业绩的表现上与一般风险投资家没有明显差异。但由于受"自选择"问题的困扰,到目前为止,本研究暂时还不能排除这一更高业绩背后有部分或全部原因是潜力高的创业企业更可能与具有政府机关工作经历的风险投资家合作,即本研究无法判断这种更大的 IPO 可能性是来自"前政府官员"对企业的"扶持"还是来自其对企业的"挑选"。虽然无论是"挑选"能力还是"扶植"能力,都能作为判断风险投资家是否成功的依据,但同大多数研究一样,本研究还是更关注风险投资家在企业成长中所发挥的作用。

为了尽可能消除内生性问题,本研究采用倾向得分匹配法消除潜在选择偏误。匹配要素包括风险投资家个人特征、风险投资资金来源、企业发展阶段、行业类型、是否与企业处于同一地区以及其余可能与企业 IPO 有关的辅助变量。为了研究处理效应,首先,本研究按照是否具备政府机关工作经历将风险投资家所投资项目分为两组

($Government=1$ 和 $Government=0$),然后,将每个具有政府机关工作经历的风险投资家投资的项目与三个不具备政府机关工作经历的风险投资家投资的项目进行匹配,共得到 1 368 条观测。表 5.7 的第(1)列和第(2)列是对数据的平衡性检验,可以看出匹配后的数据对匹配变量的敏感性大大降低。接着,本研究利用匹配前、后的样本分别对 $Government$ 进行 Probit 回归,发现匹配前、后的结果保持一致,风险投资家的政府机关工作经历对项目 IPO 退出的解释显著为正。

表 5.7 稳健性检验:风险投资家政治背景与企业能否 IPO

变量	(1)	(2)	(3)	(4)
	数据平衡性检验		匹配后样本的模型检验	
	匹配前	匹配后		
	$Government$		IPO	
Government			0.234***	0.235**
			(2.58)	(2.55)
Gender	0.973***	−0.104		−0.286
	(3.06)	(−0.29)		(−1.25)
Edu1	0.372	−0.235		0.262
	(0.35)	(−0.20)		(0.38)
Edu2	0.712***	−0.361		−0.265
	(2.79)	(−1.26)		(−1.41)
Edu3	0.662***	−0.160		−0.152
	(3.33)	(−0.71)		(−1.01)
VClist_Performance	0.197	−0.117		0.829***
	(0.86)	(−0.48)		(5.74)
VClist_avgSize	0.335***	0.021		0.070
	(4.26)	(0.26)		(1.31)
VC_Chinese	−0.059	0.158	0.189**	0.198**
	(−0.44)	(1.11)	(2.11)	(2.13)
VC_Foreign	−2.470***	−0.139	−0.187	−0.257
	(−6.25)	(−0.31)	(−0.69)	(−0.89)
Stage	−0.325**	−0.028	−0.468***	−0.412***
	(−2.47)	(−0.20)	(−5.37)	(−4.59)

续表

变量	(1)	(2)	(3)	(4)
	数据平衡性检验		匹配后样本的模型检验	
	匹配前	匹配后		
	Government		*IPO*	
Local	0.278**	−0.010	−0.208**	−0.146
	(1.99)	(−0.06)	(−2.10)	(−1.44)
Syndicate	−0.710***	0.055	0.142	0.129
	(−5.21)	(0.36)	(1.51)	(1.33)
Multistage	−0.570***	0.037	0.029	0.018
	(−3.90)	(0.22)	(0.28)	(0.17)
SyndicateLeader	−0.096	−0.119	−0.211*	−0.264**
	(−0.58)	(−0.65)	(−1.87)	(−2.29)
City	−0.415***	−0.086	0.039	0.055
	(−2.87)	(−0.54)	(0.38)	(0.54)
Industry	−0.349***	0.170	−0.118	−0.093
	(−2.83)	(1.27)	(−1.37)	(−1.06)
Constant	−2.468***	−1.191	−0.417	−0.587
	(−3.09)	(−1.40)	(−1.06)	(−1.15)
是否控制投资年份	YES	YES	YES	YES
Observations	4 861	1 368	1 368	1 368

注：表中的括号内为 t 值，***、**、* 分别表示系数在1%、5%、10%水平下显著。

然后，本研究选取"企业所在省份具有政府机关工作经历的风险投资家占比"作为工具变量，进行 IVProbit 模型回归。选择工具变量的主要依据是：风险投资对企业的选择具有"本地偏好"（拥有政府机关工作经历的风险投资家"本地偏好"程度更高），导致企业当地风险投资家政治背景的分布与参与企业投资的风险投资家的政治背景相关性较强，同时又不会对企业 IPO 结果产生直接影响。从表5.8所示的结果中可以看出：借助于工具变量，无论是对于原样本还是对于经过 PSM 方法匹配后的样本，回归结果中的 *Government* 的系数均显著为正，表明具有政府机关工作经历的风险投资家的投资业绩确实强于一般风险投资家的投资业绩。

表 5.8　稳健性检验:企业能否 IPO(Ⅳ)

变量	(1) IPO	(2) Government
Government	3.365***	
	(4.50)	
VC_Chinese	0.214**	−0.005
	(2.02)	(−0.42)
VC_Foreign	0.196**	−0.070***
	(2.45)	(−10.16)
Gender	−0.114	0.045***
	(−1.59)	(4.72)
Edu1	−0.135	0.007
	(−0.29)	(0.09)
Edu2	−0.120*	0.039***
	(−1.70)	(3.02)
Edu3	−0.104*	0.033***
	(−1.96)	(3.63)
VClist_Performance	0.495*	0.009
	(1.94)	(0.51)
VClist_avgSize	0.010	0.017***
	(0.20)	(3.16)
Stage	−0.221	−0.021**
	(−1.45)	(−2.45)
Local	−0.106**	0.015*
	(−2.36)	(1.73)
Syndicate	0.352***	−0.050***
	(5.87)	(−5.87)
Multistage	0.275***	−0.031***
	(4.14)	(−4.36)
SyndicateLeader	−0.021	−0.011
	(−0.39)	(−1.41)
City	0.129***	−0.020*
	(2.59)	(−1.85)

续 表

变量	(1) IPO	(2) Government
Industry	0.030	−0.020**
	(0.58)	(−2.33)
IV_comp_Govt		0.154*
		(1.95)
Constant	−0.951***	0.117*
	(−2.96)	(1.76)
是否控制投资年份	YES	YES
Observations	4 857	4 857

注：表中的括号内为 t 值，***、**、* 分别表示系数在 1%、5%、10%水平下显著。

本 章 小 结

本章的研究结果整体上支持这样一种逻辑关系：基于政治关联视角，本章的研究发现政治背景风险投资家的投资业绩好于一般风险投资家的投资业绩，但这一结论仅在以"其是否具备政府机关工作经历"为标准时成立，具备事业单位工作经历的风险投资家的投资业绩与一般风险投资家的投资业绩之间无显著差异。其内在机制主要在于，相较于一般风险投资家，政治背景风险投资家拥有更多与政府的联系，相对于其他资源，这种资源较为稀缺。一方面，政治背景风险投资家凭借政治资源，能够为企业引入更多的外部融资机会，帮助企业在IPO前期雇佣声誉更高的承销商；另一方面，出于对自身利益的保护，政治背景风险投资家较一般风险投资家更希望通过担任董监事的途径掌握更多企业控制权，以达到资源贡献和收益获取的平衡，此外，由于参与了更深层的企业管理，因此政治背景风险投资家可以在IPO市场发挥更多认证作用，使企业IPO抑价率更低。同时，政治背景风险投资家可以借助于政治资源提前获取本地企业信息，从而在投资策略中表现出更激进和本地偏好更强的投资倾向。

第6章　海外背景对投资绩效的影响：
基于人力资本的视角

2006年以前,中国风险投资以境外资本为主[①]。在全球经济疲软的状况下,中国经济高速增长的态势吸引了以风险投资为首的国际私募股权基金纷纷涌入,为中国孵化出了大批优质的上市公司(如百度、阿里巴巴和腾讯等)。2006—2009年,政府基于海外股权投资运作中存在的问题加强了管控,包括对外资在金融、媒体和航空等敏感领域的准入和所有权、控制权采取了严格的限制措施。至此,海外风险投资在中国进入调整期,同时本土风险投资得到快速扩张。2009年以后,随着法律环境的改善和资本市场的进步,海外风险投资在中国开始二次发展。为了规避投资领域的限制,越来越多的海外风险投资机构通过设立人民币基金开展投资业务[②]。

已有研究发现,跨国风险投资与本土风险投资相比,不仅在投资周期(Espenlaub et al.,2015)和投资回报(Dai et al.,2012)上相异,对被投资企业的创新能力和IPO后市场上的表现也有不同影响(张学勇 等,2011;Que et al.,2018)。考虑设立人民币基金已成为海外机构投资中国市场的主要渠道,因而造成这些差异的因素更可能来源于人力资本等非资金层面。另外,相较于一般投资机构,风险投资机构的优势即在于,其专业化的管理经验和社会资源能够为企业提供社会网络、监督治理和咨询等增值服务(Lerner,1995;Hellmann et al.,2002)。然而到目前为止,鲜有研究聚焦于风险投资家人力资本——增值价值的主要来源,研究跨国风险投资和本土风险投资的本质

---

① 中国风险投资研究院发布的《2007年中国风险投资年度调研报告》显示,2006年和2007年中国新募集风险资本来源中,海外资本分别占65.1%和51.8%。

② 据清科研究中心统计,2010年至2019年6月,中国股权投资基金市场中人民币基金每年的募集数量占比持续高于90%,募集金额占比由54.8%增至84.9%。

差异。

反观我国的政府部门,其早在20世纪90年代就认识到人力资本的价值,制定了大量海外人才引进政策(Zweig,2006;Giannetti,2015)。在市场的积极响应下,越来越多的"海归"逐渐加入国内风险投资行业。那么,与本土风险投资家相比,拥有海外学习或工作经历的风险投资家是否具备更高的投资水平或管理水平?风险投资的回报率是反映风险投资业绩的重要指标之一,因而能够反映风险投资家人力资本的价值。本章通过考察2001—2012年期间在中国境内进行风险投资的风险投资家的回报率,对比分析不同背景风险投资家的投资业绩差异。据统计,在国内风险投资市场中,约有38.5%的风险投资家具有海外学习或工作背景,因此本章的研究有助于中国风险投资行业的人才培养建设和人才引进政策制定。

6.1 理论机制与研究假设

根据以往的研究,海外经历通常能在以下几方面增加人力资本。一是国外良好的教育或海外企业工作经历赋予个人更高的技术水平和更先进的企业管理经验(Dai et al.,2009;Li et al.,2012;刘青 等,2013;Giannetti,2015)。并且,掌握这些技术和经验的个人还有可能通过与他人或企业交流合作、诱发竞争者模仿,进而促进整个行业的技术提升和管理进步(李平 等,2011;Filatotchev et al.,2011;Kenney et al.,2013)。二是跨国社会网络资源也是个人通过海外经历获得的一种重要资源(Dai et al.,2012)。社会资本理论强调个体或团队通过社会网络获得资源和提高战略位置的能力(Coleman,1988)。充足的社会资本有利于企业识别和创造发展机会(Burt,1997),使得企业能够在获取信息和发展策略上占领先机,并有助于企业家积攒行业信誉以及重要的知识和技术(McDougall et al.,1994)。研究发现,一旦掌握国际知识、经验或网络资源的海外管理者将其运用到工作中,将能显著提高企业的创新水平、出口能力和企业业绩(Filatotchev et al.,2009;Liu et al.,2010;罗思平 等,2012;Yuan et al.,2018;许家云,2018)。三是拥有海外背景的风险投资家可以发挥催化剂效应,凭借其国际知识和国际声誉帮助被投资企业实现国际化(Fernhaber et al.,2009)。

在中国,海归研究生毕业后的每小时收入高于本土研究生约33%,在同等学历下,海归更容易获得晋升(孙榆婷 等,2016)。参与企业治理和提供社会资源是风险投资家为企业提供增值服务的重要渠道(Lerner,1995;Hochberg et al.,2007;Nahata,2008),研究表明,海外背景风险投资家的加入对企业的国际化进程有显著的促进作用(Mäkelä et al.,2005;Fernhaber et al.,2009)。

然而,与以上观点相对立,部分学者却认为,虽然海外背景风险投资家拥有更多本土背景风险投资家较难接触到的海外资源,但其旅居海外多年,失去了与国内重要组织机构建立联系的机会,因而拥有本土学习或工作背景的风险投资家有可能"更为成功"。

首先,在本国学习或工作过的风险投资家的行为和理念更有可能符合被投资企业的文化。投融资双方的文化差异可以体现在对彼此的信任、契约条款和潜在的矛盾冲突中(Pruthi et al.,2003;Dai et al.,2016)。例如,在中国,企业文化经常表现出强烈的集体主义,组织内成员共同分担责任(Boisot et al.,1988;Pukthuanthong et al.,2007)。而在西方国家恰恰相反,通常谈判和日常沟通是在"一对一"的基础上进行的,这与中国的"集体主义"之间存在潜在矛盾(Ueno et al.,1992)。

其次,虽然资本和人才的流动是跨国的,但新兴市场中大多数初创企业的业务和生产仍然集中在国内市场(Strother,2014)。风险投资家在海外学习和工作时获得的技能和经验符合海外文化而非本土文化。研究表明,文化差异是产品标准化失败和外资流入减少的重要原因(Douglas et al.,1987;Du et al.,2012)。"不符合中国消费者习惯"经常被用来解释为什么亚马逊、百思买等国际巨头最终退出中国市场,即使这些公司拥有先进的管理水平、海外融资和国际市场(Zhao et al.,2016)。

最后,有国内经验的风险投资家对具有本土文化特征的法律法规有更深刻的理解,这样的理解有利于对创业企业的监督和指导。西方市场的商业交易通常建立在措辞严谨的合同基础上,这些合同可以在相应国家的法律法规下执行,与之相比,新兴市场的政策更灵活(Li et al.,2008)。公司在中国开展新业务之前需要向有关部门申请许可,但许可的标准经常不是唯一的,通常与当前市场的实际情况和政策的"松紧"程度相关。例如,发行 IPO 需要发行人满足中国证监会的要求(Humphery-Jenner et al.,2013)。此外,相比于西方国家,中国的很多市场规则依赖于企业自发的社会责任和道德约束,这与孔子的"儒家思想"密不可分(Pye,1982;Chow,2002)。

研究表明,在市场经济尚未成熟的发展中国家,本地关联和制度支持对商业活动至关重要(Peng et al.,2000；Li et al.,2001,2002；Zhang et al.,2010)。当前中国的创业活动面临着较为严重的资源困境。由于政府对于稀缺资源的控制以及资本市场不完善(Li et al.,2008)，企业通过市场渠道获取资源的能力有限。因此，与文化密切联系的社会关系等资源便成为中国转型经济背景下企业获取信息和资源最为重要的途径(Park et al.,2001；Li et al.,2007；Sheng et al.,2011；蔡莉 等,2013)。基于以上分析，我们提出以下研究假设。

H5：本土背景风险投资家的投资业绩优于海外背景风险投资家的投资业绩。

具有海外背景的风险投资家对本地的社会、文化、制度变更及商业模式缺乏深入了解(Li et al.,2012)。拥有海外背景的个人由于长期生活在海外，缺乏与母国的联系，同时又接受了大量海外文化的熏陶，导致其认识与国内人才存在差异，行为模式异于国内普遍情形。例如，个人主义倾向容易导致海外高管领导的企业薪酬差距拉大，同时降低企业内部薪酬差距的激励作用，最终导致企业业绩下降(柳光强 等,2018)。如果文化差异是导致二者投资业绩差异的重要原因，则越大的文化距离将会导致越差的投资业绩，因此我们提出以下研究假设。

H6：随着海外背景风险投资家曾经学习或工作的国家与中国之间文化距离的加大，其投资业绩应该显著降低。

研究表明，文化距离增加了信息共享的障碍，降低了信任度，增加了交易成本(Li et al.,2014)，这对投资者投资风险态度的形成起着重要作用，并最终影响投资决策(Kalev et al.,2008)。进而，存在优势的投资者倾向于单独行动，以防止其他人"搭便车"(Cestone et al.,2007；Bottazzi et al.,2016)。因此，本土背景风险投资家可能会采取看似激进、排他的策略。相反地，海外背景风险投资家则可能采取"谨慎"的合作策略。这一点与 Tian(2012)、Dai et al.(2016)的观点一致，他们认为与国外风险投资家相比，本土风险投资家会通过增加单次投资金额来降低投资轮次。

另外，风险投资家通过加入董事会为管理层实施监督和建议行为(Fried et al.,1998；Hellmann et al.,2002)。实证检验也表明，加入董事会是增加投资回报率的有效途径(Hellmann et al.,2002)。正如前面分析的那样，文化差异是企业管理中一个重要的隐患，可能引发严重的管理冲突。在这种情况下，为了降低投资风险同时避免管理冲突，海外背景风险投资家很可能会提前实施谨慎的投资策略，而不是严格的管理。因此，基于前面的讨论，我们提出以下研究假设。

H7:在同等条件下,海外背景风险投资家对创业企业的投资策略更"谨慎",但投后管理更少。

6.2 样本选择与描述性统计

6.2.1 样本选择与数据来源

本章使用的样本来自 2001—2012 年期间发生在中国大陆的风险投资事件[①],主要考察各项目在 2017 年 12 月 31 日之前的上市和退出回报率情况。根据以往的研究惯例,本章剔除了涉及金融类企业的样本和投资人海外背景信息缺失的样本。考虑样本中 80% 的已退出项目都在投资后 5 年之内实现退出,因此本章选择将观察窗口期设为 5 年(2013—2017 年)。如果 2001—2012 年接受投资的企业在 2017 年年底之前还没有退出,则无法观测到其回报率数据,在检验其投资业绩时,按照缺失样本进行剔除。如果被投资企业在 2017 年年底之前还没有实现 IPO,则将其视为"IPO 失败"项目,在检验其退出方式时,按照未能 IPO 处理。

整个研究中所涉及的风险投资事件、风险投资家、风险投资机构和被投资企业数据主要来源于投中集团的 CVSource 数据库。由于样本企业既包含上市企业,也包含未上市企业,因此数据缺失情况较严重,作者通过国泰安数据库、Wind 数据库、企业官网等渠道对其进行了一一核实和补充。

6.2.2 变量定义和描述性统计

(1)风险投资家海外背景

为从个人层面考察风险投资家海外经历对投资业绩的影响,本章依据风险投资家的海外经历信息,定义风险投资家海外背景(*Oversea*)变量。具体为:若风险投资家在进入风险投资行业之前具有海外学习经历或工作经历,则取值为 1,反之为 0。

---

① 本章主要研究投资于企业 IPO 之前的股权投资,除了数据库中标示为"VC"的投资事件,还包括上市之前的"PE_Growth",但不包括"PE_PIPE"和"PE_Buyout",本章将其全部称为风险投资。

(2) 风险投资业绩

通过 CVSource 数据库,本章获取了每个已完成风险投资项目的投资金额、账面退出金额、投资周期和账面回报率等信息。参考 Mason et al. (2002)的研究,本章对各风险投资项目的内部收益率(Internal Rate of Return, IRR)和平均年度收益率(Return of Investment, ROI)进行计算。其中,IRR 是反映投资业绩的主流方法,动态反映了投资的实际效率,而 ROI 属于静态指标,没有考虑资金的时间价值,相对更直观一些。在计算每位风险投资家的投资业绩时,本章根据其 2001—2012 年期间参与的各风险投资项目的金额,分别对项目的 IRR 和 ROI 进行了加权平均[①]。

(3) 控制变量

根据 Mäkelä et al. (2006)的研究,当被投资企业发展前景不乐观时,海外背景风险投资家更容易提前撤资。与此同时,本章也发现相对于本土背景风险投资家,海外背景风险投资家的投资周期(指从投资该项目到退出之间的时间跨度)更短,为了排除投资周期对风险投资业绩的影响,本章在检验假设的模型中首先控制了变量 *Duration*。此外,为了排除其他风险投资家个人特征、风险投资机构资金背景和企业特征对投资业绩的影响,本章还控制了以下变量:风险投资家性别(*Gender*)、"硕士"学历(*Edu_Master*)、"博士"学历(*Edu_Phd*)、过往参与的风险投资项目数量(*Experience*)、风险投资资金来源(*VC_Mainland*)、企业成立年限(*Comp_Age*)、企业是否位于热门城市(北京、广东、上海、浙江、江苏五地)(*City*)、是否属于数字新媒体产业(TMT 产业)(*Industry*)以及投资轮次(*Round*)和年份(*Year*)。

(4) 描述性统计

表 6.1 中 Panel A 报告了风险投资家特征变量的描述性统计结果。可以看到,风险投资家海外背景 *Oversea* 的均值约为 0.39,标准差约为 0.49,表明在中国风险投资市场上,本土背景风险投资家仍占多数。另外,男性风险投资家多于女性风险投资家,65.51% 的风险投资家具有硕士学历,仅有 16.05% 具有博士学历。表 6.1 中 Panel B 报告了投资项目特征变量的描述性统计结果,可以看到,样本中仅有 23.63% 的项目可以成功通过 IPO 实现退出,与现实情况较为相符。为了避免异常值影响,本章对 IRR 和 ROI 进行了 1% 分位数及 99% 分位数的缩尾处理。

---

① 在实际回归中,风险投资项目和风险投资家的投资回报率进行了对数化处理。

表 6.1 描述性统计结果

变量名称	观测数	平均值	标准差	最大值	最小值
Panel A 风险投资家特征					
IRR_Ave_LOG	948	0.5028	0.5234	3.2381	−0.3185
ROI_Ave_LOG	947	0.7084	0.6129	2.7699	−0.1452
$Oversea$	3741	0.3855	0.4868	1.0000	0.0000
$Duration$	974	1.3752	0.4349	2.7864	0.0000
$Gender$	3708	0.8932	0.3089	1.0000	0.0000
Edu_Master	2386	0.6551	0.4754	1.0000	0.0000
Edu_Phd	2386	0.1605	0.3672	1.0000	0.0000
$Experience$	2141	5.3017	11.8135	255.0000	1.0000
$VC\_Mainland$	3474	0.5662	0.4957	1.0000	0.0000
Panel B 投资项目特征					
IPO	10253	0.2363	0.4248	1.0000	0.0000
$Multistage$	10253	0.3159	0.4649	1.0000	0.0000
$Syndicate$	10040	0.4949	0.5000	1.0000	0.0000
$Leader$	9421	0.7819	0.4130	1.0000	0.0000
$Director$	1372	0.4905	0.5001	1.0000	0.0000
$Comp\_Age$	7438	80.1103	74.2160	1261.7670	0.0333
$City$	9958	0.7782	0.4155	1.0000	0.0000
$Industry$	10253	0.5051	0.5000	1.0000	0.0000

6.3 回归检验结果与分析

6.3.1 海外背景与风险投资家业绩差异

(1) 风险投资家层面

为了验证海外背景风险投资家是否会显著提高投资业绩,本研究构建如下模型:
$Performance = \alpha_0 + \beta_1 Oversea + \sum \beta_i Control_i + \varepsilon$,在回归中,$Performance$ 表示投资业

绩,分别以 IRR_Ave_LOG 和 ROI_Ave_LOG 作为代理变量进行检验。$Control$ 为控制变量组,各变量定义如前所述。作为最主要的研究结果,这里直接以风险投资家为样本进行回归,由于大多数风险投资家在 2001—2012 年期间均参与了多项投资,因此无法直接控制被投资企业成立年限、所属行业、所在城市和投资轮次等可能会影响投资业绩的变量。本研究对这一部分数据以风险投资家为单位进行了统计,得到每位风险投资家投资的企业的平均成立年限 $Comp\_Age$、投资 TMT 产业项目占比 $Industry$、投资热门城市项目占比 $City$ 和投资不同时期企业的占比 $Stage1\sim Stage3$。具体结果如表 6.2 所示。

表 6.2 风险投资家海外背景与投资业绩(风险投资家层面)

变量	(1)	(2)	(3)	(4)
	IRR_Ave_LOG		ROI_Ave_LOG	
$Oversea$	-0.095 5***	-0.096 8**	-0.196 3***	-0.158 8***
	(-3.070 6)	(-2.578 7)	(-5.025 2)	(-3.050 2)
$Duration$	-0.576 2***	-0.576 3***	-0.337 5***	-0.373 9***
	(-13.581 4)	(-12.084 5)	(-7.350 3)	(-6.875 3)
$Gender$		0.032 6		-0.064 9
		(0.686 6)		(-1.025 7)
Edu_Master		-0.047 9		-0.115 2**
		(-1.066 2)		(-2.154 6)
Edu_Phd		-0.032 9		-0.066 2
		(-0.598 6)		(-0.924 1)
$Experience$		-0.002 4**		-0.005 0***
		(-2.413 2)		(-4.011 8)
$VC\_Mainland$		0.024 5		0.056 1
		(0.665 9)		(1.067 1)
$Comp\_Age$		-0.001 6***		-0.002 7***
		(-4.387 9)		(-5.873 2)
$Industry$		0.008 3		0.021 5
		(0.197 3)		(0.351 0)

续表

变量	(1)	(2)	(3)	(4)
	IRR_Ave_LOG		ROI_Ave_LOG	
City		−0.064 5		−0.154 5**
		(−1.443 5)		(−2.454 8)
Stage1		−0.305 6		−0.760 1***
		(−1.323 5)		(−2.856 0)
Stage2		0.181 8		0.148 3
		(0.925 3)		(0.743 7)
Stage3		0.151 0		−0.007 0
		(0.750 8)		(−0.035 2)
Constant	1.346 8***	1.405 1***	1.265 3***	1.755 0***
	(19.336 4)	(7.015 4)	(17.765 1)	(8.091 0)
Observations	948	720	947	715
R-squared	0.208	0.241	0.069	0.182

注：表中的括号内为 t 值，***、**、* 分别表示系数在1%、5%、10%水平下显著。

由表6.2可以看出，风险投资家对项目过长的投资周期会对投资业绩造成显著的负向影响，而海外背景风险投资家较本土背景风险投资家更倾向于进行短期投资〔见表6.5及Mäkelä et al.(2006)的研究〕，因此在关于投资业绩的回归中，本研究始终加入 Duration 作为控制变量，考察同等投资周期情况下，海外背景风险投资家和本土背景风险投资家的投资业绩差异。结果发现，无论是否加入更多控制变量，海外背景风险投资家的投资业绩都显著差于本土背景风险投资家的投资业绩。

风险投资的退出方式主要有IPO、间接上市、股权转让(包括并购、二次出售、风险企业回购等)和清算退出。一般而言，通过IPO方式退出的投资回报率最高，IPO是最为理想的退出方式。因此，风险投资家能否取得更高的投资业绩在很大程度上取决于其是否能够帮助被投资企业成功上市。本研究对风险投资家2001—2012年期间投资的企业的IPO(包括境内和境外)率进行回归，结果如表6.3所示。可以看出，相比于本土背景风险投资家，海外背景风险投资家投资的项目的上市比率更低。

表6.3 风险投资家海外背景与IPO退出率(风险投资家层面)

变量	(1)	(2)	(3)	(4)
	\multicolumn{4}{c}{IPOrate_LOG}			
$Oversea$	−0.0413***	−0.1084***	−0.0537***	−0.0487**
	(−3.4176)	(−6.9765)	(−2.9893)	(−2.4624)
$Duration$		−0.0458**		−0.0057
		(−2.5716)		(−0.2813)
$Gender$			−0.0461**	−0.0407*
			(−1.9979)	(−1.6799)
Edu_Master			−0.0200	−0.0270
			(−1.0186)	(−1.3184)
Edu_Phd			−0.0128	−0.0039
			(−0.5018)	(−0.1417)
$Experience$			−0.0010*	−0.0037***
			(−1.8864)	(−7.7684)
$VC\_Mainland$			0.0499***	0.0224
			(2.7805)	(1.1199)
$Comp\_Age$			−0.0000	−0.0002
			(−0.3247)	(−1.2039)
$Industry$			−0.0184	−0.0636***
			(−0.9035)	(−2.7364)
$City$			−0.0449**	−0.0636***
			(−2.0876)	(−2.6816)
$Stage1$			−0.3797***	−0.5383***
			(−5.2329)	(−5.5669)
$Stage2$			−0.0900	−0.1542**
			(−1.5217)	(−2.1584)
$Stage3$			−0.0895	−0.2360***
			(−1.4966)	(−3.3078)
$Constant$	0.2583***	0.5380***	0.4974***	0.8109***
	(31.4180)	(19.4990)	(7.5011)	(10.3251)
$Observations$	2 133	974	1 295	735
$R\text{-}squared$	0.005	0.050	0.097	0.241

注:表中的括号内为 t 值,***、**、* 分别表示系数在1%、5%、10%水平下显著。

(2) 投资项目层面

考虑通过对项目回报率进行平均的方式衡量个人投资业绩会减少数据信息含量，因此本研究采用投资项目层面数据对风险投资家海外背景与投资业绩之间的关系再次进行检验。表6.4和表6.5分别报告了以回报率和企业是否IPO作为被解释变量的回归结果。$Oversea$的估计系数均显著为负，这表明风险投资家的海外背景对企业上市具有负面影响的结论在投资项目层面依然成立。对于已经退出的项目，受海外背景风险投资家投资的项目回报率低于受本土背景风险投资家投资的项目。对于所有参与项目，受海外背景风险投资家投资的企业相比于受本土背景风险投资家投资的企业上市概率更低。因此，假设H5得以验证。

表6.4 风险投资家海外背景与投资业绩（投资项目层面）

变量	(1)	(2)	(3)	(4)
	IRR_LOG		ROI_LOG	
$Oversea$	−0.075 0***	−0.066 8***	−0.146 0***	−0.114 8***
	(−4.279 8)	(−2.743 9)	(−5.544 8)	(−3.209 2)
$Duration$	−0.535 4***	−0.547 3***	−0.320 9***	−0.350 8***
	(−26.552 3)	(−18.344 8)	(−10.765 4)	(−8.774 2)
$Gender$		−0.023 4		−0.056 4
		(−0.699 9)		(−1.085 3)
Edu_Master		−0.021 3		−0.068 0*
		(−0.836 6)		(−1.752 9)
Edu_Phd		0.009 9		−0.029 3
		(0.289 2)		(−0.572 1)
$Experience$		0.001 1		0.001 8**
		(1.386 3)		(1.963 5)
$VC\_Mainland$		0.019 5		0.067 6*
		(0.780 5)		(1.831 1)
$Comp\_Age$		−0.006 7***		−0.012 9***
		(−4.220 1)		(−5.995 6)
$City$		−0.008 6		−0.023 5
		(−0.355 9)		(−0.673 2)

第6章 海外背景对投资绩效的影响:基于人力资本的视角

续 表

变量	(1)	(2)	(3)	(4)
	IRR_LOG		ROI_LOG	
Industry		0.004 2		0.015 3
		(0.194 5)		(0.458 1)
Round		YES		YES
Year	YES	YES	YES	YES
Constant	1.310 2***	2.048 0***	1.415 5***	2.066 2***
	(18.629 8)	(5.317 7)	(13.452 0)	(11.308 5)
Observations	2 105	1 616	2 106	1 610
R-squared	0.384	0.394	0.222	0.245

注:表中的括号内为 t 值,***、**、* 分别表示系数在1%、5%、10%水平下显著。

表6.5 风险投资家海外背景与企业IPO率(投资项目层面)

变量	(1)	(2)
Oversea	−0.235 4***	−0.255 1***
	(−8.089 1)	(−5.796 8)
Gender		−0.034 2
		(−0.552 9)
Edu_Master		−0.059 2
		(−1.155 0)
Edu_Phd		−0.054 0
		(−0.832 0)
Experience		−0.000 5
		(−0.616 5)
VC_Mainland		0.256 9***
		(5.568 4)
Comp_Age		0.014 6***
		(5.908 1)
City		0.038 0
		(0.829 8)
Industry		−0.157 0***
		(−3.921 4)

续表

变量	(1)	(2)
Round		YES
Year	YES	YES
Constant	−0.069 1	0.171 1
	(−0.570 6)	(0.315 9)
Observations	10 253	6 541

注：表中的括号内为 z 值，***、**、* 分别表示系数在 1%、5%、10% 水平下显著。

进一步，我们探讨风险投资家不同的海外背景（海外教育经历和海外工作经历）对投资业绩的影响是否存在明显差异。相对于海外教育经历，海外工作经历为风险投资家提供了更多接触本地商业活动的机会，有助于人力资本的积累（Bauernschuster et al.，2009）。经表 6.6 所示的检验可以发现，无论是回报率还是 IPO 退出率，海外工作经历对投资业绩带来的负向效应在大小和显著性方面都更强，基本与已有研究一致。

表 6.6　不同的海外背景与风险投资家投资业绩（投资项目层面）

变量	(1)	(2)	(3)	(4)	(5)	(6)
	Ln(IRR)		Ln(ROI)		IPO	
Oversea_work	−0.046 8*		−0.114 1***		−0.169 3***	
	(−1.89)		(−3.04)		(−3.71)	
Oversea_study		−0.045 6*		−0.063 1		−0.143 2***
		(−1.73)		(−1.64)		(−3.26)
Ln(Duration)	−0.542 4***	−0.523 8***	−0.334 6***	−0.339 9***		
	(−17.39)	(−15.70)	(−7.82)	(−7.79)		
Gender	0.005 3	−0.021 6	−0.012 8	−0.055 8	−0.004 4	−0.032 0
	(0.16)	(−0.55)	(−0.24)	(−0.94)	(−0.07)	(−0.48)
Edu_Master	−0.018 5	−0.017 4	−0.068 2	−0.039 4	−0.047 3	0.006 9
	(−0.68)	(−0.54)	(−1.64)	(−0.86)	(−0.88)	(0.12)
Edu_Phd	0.011 6	0.026 5	−0.023 5	0.012 4	−0.016 2	0.014 4
	(0.32)	(0.65)	(−0.43)	(0.21)	(−0.23)	(0.20)
Experience	0.000 0	0.001 2	0.000 2	0.001 9*	−0.002 4**	−0.000 4
	(0.04)	(1.38)	(0.29)	(1.95)	(−2.00)	(−0.57)

续表

变量	(1)	(2)	(3)	(4)	(5)	(6)
	Ln(IRR)		Ln(ROI)		IPO	
VC_Mainland	0.023 4	0.018 8	0.050 2	0.067 7	0.288 9***	0.212 2***
	(0.93)	(0.67)	(1.32)	(1.63)	(5.89)	(4.40)
Comp_Age	−0.008 1***	−0.008 1***	−0.013 8***	−0.015 1***	0.014 6***	0.019 7***
	(−5.28)	(−4.50)	(−6.42)	(−6.51)	(5.62)	(6.30)
City	−0.002 0	0.013 5	−0.023 6	0.016 0	0.056 6	0.067 3
	(−0.08)	(0.45)	(−0.64)	(0.39)	(1.14)	(1.33)
Industry	−0.002 1	−0.007 7	0.021 0	−0.003 7	−0.151 2***	−0.136 3***
	(−0.09)	(−0.31)	(0.59)	(−0.10)	(−3.50)	(−3.19)
Round	YES	YES	YES	YES	YES	YES
Year	YES	YES	YES	YES	YES	YES
Constant	1.979 5***	1.913 1***	1.932 5***	1.752 1***	−0.223 1	−0.094 1
	(5.19)	(5.04)	(8.97)	(9.59)	(−0.40)	(−0.18)
Observations	1 399	1 341	1 392	1 334	5 636	5 959
R-squared	0.408	0.380	0.257	0.240		

6.3.2 风险投资家海外背景与投资策略

基于前面的理论分析,本书推断相比于本土背景风险投资家,海外背景风险投资家业绩较差的原因来自两方面:一是由早期地理距离原因导致的信息劣势。海外背景风险投资家对本地市场环境缺乏了解,无法借助于当地资源为目标企业提供更好的帮助。二是中西方不同文化所塑造的认知、行为、性格差异。海外背景风险投资家受西方文化影响较深,倾向于选择与本土背景风险投资家不同的投资策略。因此,本书进一步推断,相比于本土背景风险投资家,海外背景风险投资家在投资策略选择上更为保守,风险规避倾向较大。由于其承担的风险更低,为企业提供增值服务的能力更弱,因此其获得的投资收益也更低。

基于以上推断,本研究对不同背景的风险投资家的投资行为及其在企业中的任职情况进行检验,结果如表 6.7 和表 6.8 所示。由表 6.7 可以看出,海外背景风险投资家更倾向于进行多阶段投资(Multistage)和联合投资(Syndicate),且其在联合投资中更少担任领投角色(Leader)。现实中,风险投资机构通过联合投资可以增加投资决策力量,降低投资风险,协调不同投资方之间的信息不对称,增强其相互之间的审查及提供增值服务的能力。风险投资家进行多阶段投资主要出于风险控制考虑,通过构造对企业以后投资轮次的选择权,减少代理成本的发生。由表6.8的第(1)列和第(2)列可以看出,海外背景风险投资家比本土背景风险投资家投资周期(Duration)更短,这与Mäkelä et al.(2006)的研究结论一致,反映出海外背景风险投资家对潜在风险的承受力较差。由表6.8的第(3)列和第(4)列可以看出,海外背景风险投资家更少担任被投资企业的董事(Director),侧面反映出其参与企业治理的程度较低。综上所述,假设H7得以验证。

表6.7 风险投资家海外背景与投资倾向

变量	(1)	(2)	(3)	(4)	(5)	(6)
	Multistage		*Syndicate*		*Leader*	
Oversea	0.265 9***	0.407 8***	0.150 7***	0.158 3*	−0.157 9***	−0.254 0***
	(9.822 5)	(4.642 0)	(5.798 2)	(1.926 4)	(−5.236 7)	(−2.932 0)
Duration		0.599 6***		−0.142 3*		0.084 7
		(6.770 8)		(−1.763 8)		(1.020 1)
Gender		0.027 1		−0.086 3		−0.125 7
		(0.219 9)		(−0.744 3)		(−1.015 7)
Edu_Master		−0.033 9		0.054 7		0.046 8
		(−0.355 0)		(0.614 2)		(0.502 4)
Edu_Phd		−0.108 1		0.085 4		0.118 6
		(−0.833 1)		(0.720 8)		(0.954 2)
Experience		0.003 3**		−0.002 5*		0.002 2
		(2.036 6)		(−1.665 1)		(1.261 3)
VC_Mainland		−0.029 9		−0.021 4		−0.027 2
		(−0.338 5)		(−0.257 7)		(−0.314 0)
Syndicate		−0.111 2				
		(−1.491 3)				
Multistage				−0.104 5		0.043 0
				(−1.345 1)		(0.530 3)

第6章 海外背景对投资绩效的影响:基于人力资本的视角

续 表

变量	(1)	(2)	(3)	(4)	(5)	(6)
	Multistage		Syndicate		Leader	
$Comp\_Age$		0.005 1		-0.011 6**		0.021 2**
		(0.839 9)		(-2.041 1)		(2.493 5)
$City$		0.119 7		0.084 9		-0.026 3
		(1.366 7)		(1.071 5)		(-0.311 5)
$Industry$		0.265 5***		0.228 4***		-0.120 3
		(3.382 6)		(3.047 0)		(-1.560 4)
$Round$		YES		YES		YES
$Year$	YES	YES	YES	YES	YES	YES
$Constant$	-0.908 0***	-1.898 5**	-0.318 3**	4.089 9***	1.388 5***	1.312 3
	(-6.760 8)	(-2.201 5)	(-2.574 4)	(11.804 0)	(8.113 8)	(1.448 6)
$Observations$	10 253	1 624	10 040	1 624	9 421	1 633

注:表中的括号内为 z 值,***、**、* 分别表示系数在1%、5%、10%水平下显著。

表6.8 风险投资家海外背景、投资周期与任职情况

变量	(1)	(2)	(3)	(4)
	Duration		Director	
$Oversea$	-0.057 5***	-0.046 1*	-0.641 0***	-0.404 8***
	(-2.982 2)	(-1.780 1)	(-8.070 8)	(-3.604 5)
$Duration$				-0.101 3
				(-0.778 7)
$Gender$		0.011 7		-0.195 5
		(0.323 3)		(-1.196 3)
Edu_Master		-0.001 4		-0.025 2
		(-0.049 5)		(-0.195 2)
Edu_Phd		0.030 9		-0.144 9
		(0.810 4)		(-0.851 8)
$Experience$		0.001 2**		-0.050 5***
		(2.406 7)		(-6.137 2)
$VC\_Mainland$		0.035 1		-0.066 4
		(1.328 4)		(-0.600 2)

续表

变量	(1)	(2)	(3)	(4)
	Duration		Director	
$Comp\_Age$		−0.000 0		−0.010 9
		(−0.017 8)		(−1.402 6)
$City$		0.026 2		−0.148 1
		(1.031 2)		(−1.384 3)
$Industry$		0.027 9		−0.037 9
		(1.178 5)		(−0.352 4)
$Round$		YES		YES
$Year$	YES	YES	YES	YES
$Constant$	1.864 3***	1.850 7***	0.587 1**	1.275 9
	(28.144 7)	(7.119 2)	(2.556 3)	(0.964 0)
$Observations$	2 149	1 646	1 372	854
$R\text{-}squared$	0.089	0.144		

注：表中的括号内为 t 值，***、**、* 分别表示系数在1%、5%、10%水平下显著。

6.3.3 风险投资家业绩差异来源

6.3.1节证实了海外背景风险投资家的投资业绩显著差于本土背景风险投资家的投资业绩。但是正如相关文献所提及的，相对于海外背景风险投资家，本土背景风险投资家占有更多信息优势，因此可能存在逆向选择问题：成长潜力好的企业容易被本土背景风险投资家投资，而海外背景风险投资家只能选择成长潜力差的企业，导致其业绩表现更差。事实上这与选择性偏误产生的内生性问题是一致的，为了区分两种不同机制，这里我们采用 Heckman 两阶段回归方法。

借鉴 Bottazzi et al.（2008）的做法，本研究选取被投资企业进行VC融资当年，企业所在地海外背景风险投资家的占比 $IV\_Oversea$ 作为工具变量。首先，该工具变量与被解释变量（投资回报率）之间相关性很弱：一旦企业选择了某个风险投资家作为投资者，其未来的收益情况便与其他风险投资家是否具有海外背景的相关性很弱。另外，该工具变量与解释变量（风险投资家海外背景）之间相关性较强：研究表明，风险投资对目标企业的选择具有"本地倾向"性，即受代理风险、交流成本、信息可得性等因素影响,风险投资更可能与处于同一地区的企业达成投资协议(Fracassi,2016),这意味着,企业能否被海外背景风险投资家投资在一定程度上与企业所在地区海外背景风险投资家的可得性有关。综上所述,该工具变量满足选取标准。

由于本章的内生变量风险投资家海外背景($Oversea$)是二元变量,而传统的两阶段估计法仅适用于内生变量为连续型变量的模型,因此,本研究参考 Roodman(2011)的研究,采用条件混合过程(Conditional Mixed Process,CMP)估计法结合工具变量进行回归。表 6.9 的第(2)列和第(4)列表明,工具变量与解释变量之间高度相关,第(1)列和第(3)列表明,在排除内生性问题后,投资回报率与风险投资家海外背景显著负相关的结论依旧成立。

表 6.9 使用 IV-CMP 方法检验内生性问题

变量	(1) IRR_LOG	(2) 被解释变量为 IRR_LOG 的第一阶段回归:$Oversea$	(3) ROI_LOG	(4) 被解释变量为 ROI_LOG 的第一阶段回归:$Oversea$
$Oversea$	−0.498 6***		−0.841 5***	
	(−7.389 5)		(−8.456 0)	
$IV\_Oversea$		0.877 4***		0.849 4***
		(4.271 3)		(4.302 2)
$Duration$	−0.560 3***	−0.227 6***	−0.374 2***	−0.217 8***
	(−21.906 1)	(−2.704 1)	(−9.743 5)	(−2.608 4)
$Gender$	−0.032 2	−0.066 4	−0.076 1	−0.074 4
	(−0.893 0)	(−0.555 9)	(−1.392 0)	(−0.631 2)
Edu_Master	−0.026 3	0.015 3	−0.071 5	0.027 8
	(−0.903 7)	(0.148 8)	(−1.625 4)	(0.274 3)
Edu_Phd	0.029 6	0.198 7	0.013 8	0.222 4*
	(0.776 3)	(1.525 8)	(0.237 5)	(1.735 1)
$Experience$	0.001 6***	0.006 7***	0.002 9***	0.007 3***
	(3.222 1)	(3.431 5)	(3.952 9)	(3.654 1)
$VC\_Mainland$	−0.205 3***	−1.385 7***	−0.310 5***	−1.382 1***
	(−4.930 4)	(−18.288 5)	(−5.012 0)	(−18.278 7)
$Comp\_Age$	−0.006 2***	−0.004 6	−0.012 5***	−0.005 1
	(−3.504 0)	(−0.774 8)	(−4.638 0)	(−0.866 4)
$Industry$	0.030 0	0.094 7	0.053 6	0.111 0
	(1.288 2)	(1.209 9)	(1.518 7)	(1.434 3)

续表

变量	(1) IRR_LOG	(2) 被解释变量为 IRR_LOG 的第一阶段回归：Oversea	(3) ROI_LOG	(4) 被解释变量为 ROI_LOG 的第一阶段回归：Oversea
Round	YES	YES	YES	YES
Year	YES	YES	YES	YES
Constant	2.308 8*** (8.587 4)		2.476 7*** (5.242 2)	
Observations	1 703	1 703	1 703	1 703

注：表中的括号内为 z 值，***、**、* 分别表示系数在1%、5%、10%水平下显著。

6.3.4 文化距离与风险投资家业绩

在讨论了影响风险投资家业绩差异的主要原因后，我们还希望探索影响文化差异的深层次原因，对此我们依据前人的研究，检验文化相似性或文化差异性对风险投资家业绩差异的影响。现实中，蕴含某种特定文化的教育和工作环境或多或少会影响当事人的思想、状态和行为模式。一旦这些文化对其造成影响，那么处在同一文化下的群体将会呈现相似的特征。由此我们推论：海外背景风险投资家的投资业绩随着其经历所在地与中国的文化距离加大而变差。如果这个推论成立，则说明文化差异是造成海外背景风险投资家业绩更差的部分原因。

作为最受学者欢迎的指标之一，Hofstede 文化指标常常在国际贸易、市场和组织发展相关研究中被使用（Kirkman et al.，2006），本研究在衡量不同国家的文化距离时，分别采用 Hofstede 六维度和四维度指标进行分析。附录2展示了依据 Hofstede 调查方法计算出的中国与其他国家之间的文化距离。

接下来，我们检验风险投资家的投资业绩是否会因为文化距离的加大而变得糟糕。由于风险投资家海外背景（Oversea）这一虚拟变量与风险投资家文化距离（Culture Distance，CD）之间存在较强的相关性，为了避免文化距离作为海外背景的代理变量影响投资业绩，这里我们排除本土背景风险投资家，仅关注那些拥有海外背景的风险投资家，进一步考察文化距离对投资 IPO 退出率的影响。

由表 6.10 Panel A 中的第（1）、（2）列可以看出，风险投资家的 IPO 退出率与对应的文化距离呈显著负向关系,而第(3)、(4)列表明,IPO 能显著提高风险投资项目的回报率。需要说明的是,我们并没有找到文化距离与投资回报率相关的直接证据,因此,文化差异导致的 IPO 退出率下降可能并非影响海外背景风险投资家投资回报率的全部原因。由表 6.10 中 Panel B 对应的结果可以发现,海外背景风险投资家明显更倾向于扶持企业在海外上市,而相对于在本国上市,在海外上市获取的投资回报率更低一些。这与 Bai et al.(2020)的观点一致,他们发现如果企业高管具有海外教育经历,则其更倾向于推动企业在海外上市,这一行为主要受印记理论,而非理性原因所驱动。因此,假设 H6 得以验证。

表 6.10　文化距离、IPO 退出率与投资回报率

变量	Panel A				Panel B		
	样本:由海外背景风险投资家发起的项目		样本:全部已退出项目		样本:全部已退出项目		
	IPO		Ln(IRR)	Ln(ROI)	IPO_Native	Ln(IRR)	Ln(ROI)
	(1)	(2)	(3)	(4)	(5)	(6)	(7)
CD_4	−0.014 6***						
	(−2.84)						
CD_6		−0.017 8***					
		(−3.06)					
IPO			0.282 4***	0.451 1***			
			(11.10)	(13.29)			
$Oversea$					−1.058 3***		
					(−9.76)		
IPO_Native						0.336 1***	0.518 5***
						(12.24)	(14.34)
$IPO\_Oversea$						0.165 8***	0.305 0***
						(5.25)	(6.59)
$Ln(Duration)$			−0.546 6***	−0.347 6***	0.803 1***	−0.575 0***	−0.381 8***
			(−18.77)	(−9.07)	(6.94)	(−19.58)	(−9.69)
$Gender$	0.035 2	0.028 3	−0.008 0	−0.030 5	0.071 6	−0.011 2	−0.036 4
	(0.45)	(0.36)	(−0.24)	(−0.57)	(0.45)	(−0.34)	(−0.69)
Edu_Master	−0.051 1	−0.053 7	−0.020 1	−0.068 4*	0.131 7	−0.026 0	−0.075 6**
	(−0.74)	(−0.78)	(−0.83)	(−1.84)	(0.97)	(−1.08)	(−2.05)

续 表

变量	Panel A 样本：由海外背景风险投资家发起的项目		Panel A 样本：全部已退出项目		Panel B 样本：全部已退出项目		
	IPO	IPO	Ln(IRR)	Ln(ROI)	IPO_Native	Ln(IRR)	Ln(ROI)
	(1)	(2)	(3)	(4)	(5)	(6)	(7)
Edu_Phd	0.0061	0.0028	0.0099	−0.0288	0.5213***	−0.0066	−0.0492
	(0.07)	(0.03)	(0.30)	(−0.59)	(2.98)	(−0.20)	(−1.02)
$Experience$	0.0008	0.0009	0.0012	0.0020**	0.0012	0.0013*	0.0021**
	(1.00)	(1.14)	(1.59)	(2.20)	(0.59)	(1.68)	(2.26)
$VC\_Mainland$	0.1688**	0.1681**	0.0575***	0.1318***	1.3604***	−0.0058	0.0521
	(2.32)	(2.30)	(2.89)	(4.34)	(11.33)	(−0.26)	(1.59)
$Comp\_Age$	0.0165***	0.0170***	−0.0066***	−0.0127***	0.0248**	−0.0073***	−0.0136***
	(3.29)	(3.36)	(−4.05)	(−5.62)	(2.28)	(−4.46)	(−5.94)
$City$	0.1100	0.1256*	−0.0193	−0.0392	−0.4118***	−0.0078	−0.0248
	(1.64)	(1.87)	(−0.82)	(−1.15)	(−3.43)	(−0.33)	(−0.74)
$Industry$	−0.2143***	−0.2171***	0.0102	0.0218	−0.2526**	0.0190	0.0322
	(−3.89)	(−3.93)	(0.49)	(0.68)	(−2.37)	(0.91)	(1.00)
$Round$	YES	YES	YES	YES	YES	YES	YES
$Year$	YES	YES	YES	YES	YES	YES	YES
$Constant$	−0.0541	−0.0546	1.7834***	1.5329***	2.7125	1.8554***	1.5960***
	(−0.08)	(−0.09)	(4.09)	(8.62)	(0.03)	(4.10)	(8.74)
$Observations$	4015	4006	1616	1610	1342	1616	1610
$R\text{-}squared$	0.108	0.110	0.433	0.302	0.474	0.447	0.315

注：***、**、*分别表示系数在1%、5%、10%水平下显著。

6.3.5 稳健性检验

在选择样本的过程中，虽然本章的研究尽可能将数据库中所有的样本纳入进来，但仍不可避免地要排除部分无法判断风险投资家是否具有海外经历的样本，这就导致了潜在的样本选择偏误问题。例如，一些实际投资能力非常强的海外背景风险投资家由于与国内媒体接触的次数非常少，因此其个人履历未被纳入数据库；或者，一些本土背景风险投资家由于投资业绩差或者教育背景不占优势，因此选择不向外界披露其个人信息。

为了消除样本选择偏误,本节使用倾向得分匹配法对项目样本进行组间对比分析,混杂变量的选取与控制变量集合相同,包含投资轮次和年份。首先,本节按照风险投资家是否具有海外经历对项目进行分组,并按照1∶1进行匹配。表 6.11 显示了匹配前、后特征变量的组间差异情况,发现匹配后的样本对混杂变量的敏感性大大降低。图 6.1 和图 6.2 所示的核密度也显示,匹配后实验组与控制组之间不存在显著差异,从个人和企业层面改善了数据的平衡性。

表 6.11 倾向得分匹配法-样本平衡性检验

变量	样本:PSM 之前			样本:PSM 之后		
	$Oversea=0$	$Oversea=1$	$Difference$	$Oversea=0$	$Oversea=1$	$Difference$
	(1)	(2)	(3)	(4)	(5)	(6)
$Duration$	1.423 1	1.355 2	0.067 9***	1.411 2	1.400 2	0.011 0
$Gender$	0.926	0.906 2	0.019 8***	0.945 8	0.910 6	0.035 3***
Edu_Master	0.695 1	0.700 9	0.005 8	0.680 1	0.692 7	−0.012 6
Edu_Phd	0.140 4	0.163 1	−0.022 8***	0.188 9	0.154 9	0.034 0*
$Experience$	11.794 0	18.716 5	−6.922 6***	10.309 8	11.530 2	−1.220 4
$VC\_Mainland$	0.606 2	0.156 6	0.449 6***	0.170 0	0.166 2	0.003 8
$Comp\_Age$	7.116 2	5.351 5	1.764 6***	7.039 1	6.691 5	0.347 6
$City$	0.719 2	0.821 7	−0.102 5***	0.774 6	0.793 5	−0.018 9
$Industry$	0.430 0	0.559 5	−0.129 6***	0.474 8	0.477 3	−0.002 5

注:***、**、* 分别表示系数在 1%、5%、10%水平下显著。

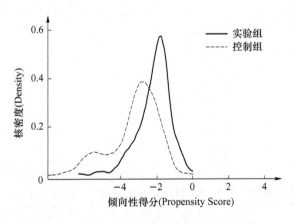

图 6.1 实验组与控制组的核密度图(匹配前)

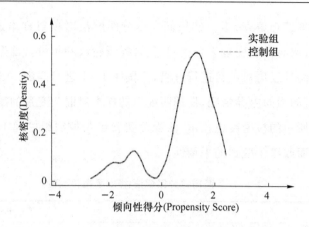

图 6.2　实验组与控制组的核密度图(匹配后)

进一步地,本节分别以 1∶1、1∶3 和 1∶5 的比例对海外背景风险投资家与本土背景风险投资家投资的项目进行了匹配,并进行了组间投资业绩差异分析和回归分析。表 6.12 显示,无论按照何种方法,均能得出海外背景风险投资家投资项目的回报率显著差于本土背景风险投资家投资项目的回报率。

表 6.12　倾向得分匹配法结果

变量	(1)	(2)	(3)	(4)	(5)	(6)
	IRR_LOG			ROI_LOG		
	K=1	K=3	K=5	K=1	K=3	K=5
Panel A: Comparation						
Oversea=1	0.516 7	0.516 7	0.516 7	0.739 1	0.739 1	0.739 1
Oversea=0	0.621 4	0.577 8	0.571 6	0.927 9	0.861 4	0.852 7
Difference	−0.104 7***	−0.061 2***	−0.054 9***	−0.833 2***	−0.122 3***	−0.113 7***
T-Value	(−4.314 1)	(−3.041 7)	(−2.933 1)	(−5.786 9)	(−4.429 9)	(−4.413 2)
Observations	1 588	3 176	4 764	1 567	3 138	4 697
Panel B: OLS Regression						
Oversea	−0.109 4***	−0.075 5***	−0.077 5***	−0.185 0***	−0.147 9***	−0.150 3***
	(−5.974 2)	(−4.576 1)	(−4.882 8)	(−6.735 2)	(−6.246 2)	(−6.587 5)
Duration	−0.570 8***	−0.493 1***	−0.484 4***	−0.324 4***	−0.232 8***	−0.228 4***
	(−18.865 4)	(−22.656 5)	(−27.671 6)	(−8.098 6)	(−7.907 7)	(−9.590 6)
Gender	−0.038 7	−0.154 6***	−0.155 7***	−0.104 2*	−0.222 6***	−0.228 0***
	(−1.006 7)	(−4.973 9)	(−6.397 2)	(−1.760 6)	(−5.006 3)	(−6.524 6)

续表

变量	(1)	(2)	(3)	(4)	(5)	(6)
	\multicolumn{3}{IRR_LOG}		ROI_LOG		
	$K=1$	$K=3$	$K=5$	$K=1$	$K=3$	$K=5$
Edu_Master	−0.013 7	−0.042 4**	−0.016 3	−0.095 1**	−0.120 4***	−0.091 4***
	(−0.529 1)	(−2.369 3)	(−1.096 5)	(−2.329 5)	(−4.184 8)	(−3.835 7)
Edu_Phd	−0.016 2	−0.012 0	−0.022 0	−0.109 8**	−0.077 7**	−0.109 4***
	(−0.518 1)	(−0.576 6)	(−1.270 2)	(−2.187 7)	(−2.250 1)	(−3.878 3)
$Experience$	0.000 8	0.000 9**	0.001 5***	0.000 8	0.000 6	0.001 5**
	(1.401 4)	(2.100 5)	(4.240 3)	(0.719 1)	(0.780 3)	(2.557 8)
$VC\_Mainland$	0.006 0	0.000 8	0.013 1	0.022 8	0.024 1	0.037 1*
	(0.218 8)	(0.039 1)	(0.877 4)	(0.557 7)	(0.862 0)	(1.677 1)
$Syndicate$	−0.013 2	−0.039 9***	−0.060 9***	−0.058 4*	−0.122 7***	−0.127 5***
	(−0.623 1)	(−2.592 5)	(−4.884 5)	(−1.891 1)	(−5.523 0)	(−7.035 2)
$Comp\_Age$	−0.008 4***	−0.010 3***	−0.007 4***	−0.014 5***	−0.014 8***	−0.010 9***
	(−4.732 6)	(−7.709 6)	(−7.454 8)	(−5.857 3)	(−8.144 3)	(−7.920 4)
$City$	−0.015 1	−0.054 4***	−0.064 3***	−0.038 2	−0.092 4***	−0.113 6***
	(−0.592 5)	(−3.086 2)	(−4.559 2)	(−1.080 3)	(−3.726 4)	(−5.692 5)
$Industry$	0.048 8**	−0.000 9	0.020 4	0.119 6***	0.082 4***	0.107 1***
	(2.282 6)	(−0.058 7)	(1.590 2)	(3.457 2)	(3.385 7)	(5.449 2)
$Round$	YES	YES	YES	YES	YES	YES
$Year$	YES	YES	YES	YES	YES	YES
$Constant$	1.558 7***	2.231 2***	2.243 6***	1.611 9***	1.550 4***	1.576 0***
	(16.215 9)	(4.504 0)	(4.486 9)	(11.017 8)	(13.275 0)	(14.839 9)
$Observations$	1 580	3 154	4 727	1 559	3 116	4 660
$R\text{-}squared$	0.460	0.416	0.419	0.311	0.314	0.322

注：表中的括号内为 t 值，***、**、* 分别表示系数在1％、5％、10％水平下显著。

本章小结

风险投资最早产生于美国，我国风险投资的结构设计和运行机制在很大程度上参照了美国对风险投资的设计。因此,相比于其他金融机构,风险投资机构对海外人才,尤其是来自资本发达市场的海外人才非常重视。另外,作为新兴市场的中国对国外风险投资机构充满了吸引力。早期进入的 IDG、华登,还有后期进入的软银、英联、红杉等,都为中国带来了大批海外风险投资机构从业人员,这些人员有些是外籍人员,有些是"海归",都具有海外学习或工作的经历。

那么,相比于本土背景风险投资家,海外背景风险投资家是否能在支持企业成长的过程中发挥良好的作用? 其在投资业绩的呈现方式上有何特点? 这些问题的解决关系到我国风险投资人才的引进战略,关系到创业企业的实际选择,更关系到我国高科技事业的长久发展。

在本章的研究中,我们通过个人层面和项目层面的数据证实风险投资家的海外经历会影响投资业绩,具体表现为海外背景风险投资家的投资业绩要差于本土背景风险投资家的投资业绩,其中业绩表现涉及投资回报率和 IPO 退出率两项指标。另外,相较于学习经历,工作经历对风险投资家业绩的影响更大。进一步研究发现,海外背景风险投资家的投资策略更加谨慎,同时表现出更低的董事会参与度。此外,我们发现海外背景风险投资家更差的业绩表现与其对企业投资后的治理密不可分,并且文化差异是导致其投资业绩较差的部分原因,海外背景风险投资家更倾向于促成企业在海外上市。

第7章 启示、建议与展望

7.1 研究结论

借助于风险投资项目、风险投资家个人、被投资企业的样本和数据,本书发现风险投资家异质性对风险投资绩效的影响十分显著,具体包括以下三个方面。

第一,基于社会网络视角,本书发现金融背景风险投资家的投资业绩优于实业背景风险投资家的投资业绩,表现为所投项目有更高的 IPO 退出率。究其背后机理,发现金融背景风险投资家能够借助于其在金融领域的社会网络和声誉资源更好地支持被投资企业,例如,有助于被投资企业更快获得下一轮股权融资,并且在 IPO 过程中能帮助企业雇佣更好的承销商。相对于实业背景风险投资家的创业网络,金融背景风险投资家的金融网络范围更广,源自金融行业本身较强的跨区域、跨行业特点。因此,金融背景风险投资家比实业背景风险投资家表现出更激进的投资风格,本地偏好程度更低。在网络深度方面,金融背景风险投资家也略占优势。借助于其在分析师领域、承销商领域的资源,金融背景风险投资家可以促使企业 IPO 前的信息快速传导至股票公开发行市场,降低投资者与企业间的信息不对称程度,从而使被投资企业在 IPO 过程中获得的估值更高,抑价率更低。

第二,基于政治关联视角,本书发现政治背景风险投资家的投资业绩好于一般风险投资家的投资业绩,但这一结论仅在以"其是否具备政府机关工作经历"为标准时成立,具备事业单位工作经历的风险投资家的投资业绩与一般风险投资家的投资业绩之间无显著差异。其内在机制主要在于,相较于一般风险投资家,政治背景风险投资家拥有更多与政府的联系,相对于其他资源,这种资源较为稀缺。一方面,政治背景风险投资家凭借政治资源,能够为企业引入更多的外部融资机会,帮助企业在IPO前期雇佣声誉更高的承销商;另一方面,出于对自身利益的保护,政治背景风险投资家较一般风险投资家更希望通过担任董监事的途径掌握更多企业控制权,以达到资源贡献和收益获取的平衡,此外,由于参与了更深层的企业管理,因此政治背景风险投资家可以在IPO市场发挥更多认证作用,使企业IPO抑价率更低。同时,政治背景风险投资家可以借助于政治资源提前获取本地企业信息,从而在投资策略中表现出更激进和本地偏好更强的投资倾向。

第三,基于人力资本视角,本书发现风险投资家的海外背景会影响其投资业绩和投资策略,具体表现为:海外背景风险投资家的投资回报率和IPO率低于本土背景风险投资家;相较于是否具有海外学习经历,风险投资家是否具有海外工作经历对投资业绩的影响程度更大。进一步研究发现,海外背景风险投资家的投资策略更加谨慎,同时表现出更低的董事会参与度。此外,我们发现海外背景风险投资家更差的业绩表现与其对企业投资后的治理密不可分,并且文化差异是导致其投资业绩较差的部分原因。

在研究风险投资家异质性对投资业绩影响的过程中,不可避免地涉及了内生性问题。为了进一步分辨风险投资家对投资业绩的影响来源于其对企业的"扶持"还是"挑选",本书各部分通过倾向得分匹配法来控制风险投资家对创业企业的选择偏差,通过工具变量法消除不可观测变量对投资业绩带来的影响,最终证实以上结论。

7.2 提升中国风险投资家人力资本价值的路径

在中美贸易战频发、我国高科技行业面临后劲不足的时代背景之下,风险投资这一经济发展的"引擎"无疑是政策制定者应该重点关注的问题。本书对指导风险投资机构优化自身团队以及实现创业企业家与风险资本有效对接具有现实意义。

(1) 对风险投资机构的建议

以本书的实证结果来看,风险投资家工作经历所产生的行业经验对风险投资绩效有较为显著的影响。风险投资机构应该认识到:人是风险投资成功的关键。

风险投资机构在选拔风险投资家的时候,首先应该认清自身定位,包括投资的行业、投资的阶段等,然后根据未来发展方向,招募和机构本身战略规划相匹配的风险投资家。机构在选择的时候,应该重点关注风险投资家的工作经历。如果其具备金融工作经历、政府工作经历或者海外工作经历,则应该联系到其所具备的资源。另外,在和具体投资项目进行对接的时候,风险投资机构的管理层应同时考虑企业的需求、创始人的能力,为其选择具有互补作用的风险投资家进行合作。

通过实证部分的研究,可以发现联合投资、多阶段投资有利于投资绩效的提升,然而相较于国外,我国的风险投资家对于联合投资和多阶段投资抱有更消极的态度,反而对本地投资的偏好程度更高。这说明我国风险投资家在处理信息不对称问题上水平较差,也不太擅长通过联合投资、多阶段投资等方式控制风险。总体而言,我国风险投资家更喜欢各自为战,在自己更为熟悉的地域进行投资。长期来看,这并不利于我国风险投资行业整体投资水平的提升。因此,建议风险投资机构多以长远的眼光看待投资,积极学习国外先进的管理思想和投资策略,扩大信息获取渠道,通过多种方式实现对风险的控制,从而提高资金投资效率。

(2) 对创业企业的建议

本书的研究发现,投资业绩好的风险投资家往往是掌握了稀缺资源(金融资源、政治资源)的风险投资家,相比于实业背景风险投资家和无政治背景风险投资家,金融背景风险投资家和政治背景风险投资家在市场中的占比要低得多。这也反映了大部分企业在引进风险投资的时候,仅得到了风险投资家的资金支持,而没有得到技术或管理上资源的转移。这一方面是因为大部分风险投资家自身在帮助企业成长中发挥的作用有限,另一方面是因为创业者缺乏对风险投资家作用和价值的认识。创业者应该根据企业发展阶段,明确企业发展需求,寻找能够切实履行风险投资义务的风险投资家进行合作。具体可以通过了解风险投资家的背景来锁定能为自己带来最大收益的风险投资家。

(3) 对政策制定者的建议

在我国,本地偏好现象长期存在于包括风险投资在内的股权投资中,这就导致了一种结果:我国风险投资主要集中在北京、上海、深圳等经济活跃度较高的城市。相比于普通城市,热门城市不但风险投资规模大,而且由于政治资源的高度集中,风险投资对企业的"扶持"力度也更强。而对经济欠发达地区新兴产业的发展来说,情况刚好相反,长此以往,必然会加速欠发达地区资本和创业人才的流失,地区间经济失衡问题会不断被放大。因此,建议政府将与风险投资发展有关的政策向欠发达地区倾斜,同时建立有效的投融资平台,帮助企业和风险投资进行有效对接,提升两者之间的信息传递效率,因为出现"本地投资偏好"的原因说到底还是风险投资家和企业家之间的信息不对称。

另外,本书的一个重要发现是拥有金融背景和政治背景的少数风险投资家群体可以通过自身的资源向企业输送利益,帮助企业更快、更容易地实现IPO,其作用机制很大一部分来源于这些风险投资家所拥有的社会网络资源。这说明拥有金融背景和政治背景的风险投资家在资源配置方面发挥实际作用的同时,还为腐败和寻租提供了可能。因此,政策的制定者在进行市场管理的时候,除了应鼓励风险资本向多元化、高效化发展,还应兼顾市场公平问题。

7.3 关于"双循环"背景下风险投资家支持中小企业高质量发展的问题

自主创新是实现"双循环"新发展格局的有力支撑,而技术和管理水平的低下极大制约了我国中小企业通过创新实现高质量发展。党的十九届五中全会通过《中共中央关于制定国民经济和社会发展第十四个五年规则和二〇三五年远景目标的建议》,将"加快构建以国内大循环为主体、国内国际双循环相互促进的新发展格局"纳入其中。在达成"双循环"的过程中,中小企业是保市场、保就业的主力军,是提升产业供应链稳定性和竞争力的关键环节。

然而,目前我国大多数中小企业仍面临着对内基础薄弱、对外竞争力不足的问题。人力资本作为风险投资区别于其他金融中介的核心资源,能够推动信息、技术、管理等优质资源的跨区域和国际化流动。除了直接为中小企业提供资金支持,风险投资家还能凭借自身能力为企业提供创业指导、监督治理、声誉等资源,其目的是通过提升企业价值来获得高额回报。无论是20世纪末成长起来的"互联网巨头"百度、阿里巴巴和腾讯,还是近几年掀起新经济浪潮的"独角兽企业"字节跳动、小桔科技和大疆创新,其成功的背后均离不开国内外风险投资的早期支持。

经验表明,人力资本错配使得一部分风险投资家的作用在我国得不到有效发挥。

即，风险投资家能力与中小企业长短期需求之间难以实现完美匹配，由此造成人力资本使用效率低下以及企业短视的现象。更有甚者，风险投资家与创始人之间矛盾重重，进而引发企业控制权争夺和经营混乱。中国作为一个新兴市场国家，其资本市场兼具政策导向和经济转型的双重特征，受行政管制等非市场竞争因素的影响，人力资本错配问题更为突出。因此，探索风险投资家人力资本支持中小企业高质量发展路径，并通过对系统环境的规范和完善，解决风险投资人力资本错配问题，已成为一项亟待解决的重要课题，本书从理论和经验上为这一问题的解决奠定了一定基础，为读者提供了思考的空间。

参考文献

蔡宁,何星,2015. 社会网络能够促进风险投资的"增值"作用吗?——基于风险投资网络与上市公司投资效率的研究[J]. 金融研究(12):178-193.

蔡宁,2015. 风险投资"逐名"动机与上市公司盈余管理[J]. 会计研究(5):20-27,94.

蔡莉,单标安,2013. 中国情境下的创业研究:回顾与展望[J]. 管理世界(12):160-169.

陈闯,张岩,吴晓晖,2017. 风险投资、创始人与高管薪酬——多边代理视角[J]. 管理科学学报,20(6):78-88.

陈工孟,俞欣,寇祥河,2011. 风险投资参与对中资企业首次公开发行折价的影响——不同证券市场的比较[J]. 经济研究(5):74-85.

陈伟,2013. 风险投资的异质性会影响认证作用吗?——理论与实证研究[J]. 投资研究,32(6):91-104.

陈一博,2010. 风险投资中的企业估值问题研究[J]. 金融理论与实践(1):64-67.

陈友忠,刘曼红,廖俊霞,2011. 中国创投20年[M]. 北京:中国发展出版社.

党力,杨瑞龙,杨继东,2015. 反腐败与企业创新:基于政治关联的解释[J]. 中国工业经济(7):146-160.

董静,彭硕,2015. 风险投资在收购中的信号作用——基于非上市公司的实证研究[J]. 投资研究(8):124-136.

胡志颖,李瑾,果建竹,2015. 研发投入与IPO抑价:风险投资的调节效应[J]. 南开管理评论(6):113-124.

黄福广,贾西猛,田莉,2016. 风险投资机构高管团队知识背景与高科技投资偏好[J]. 管理科学(5):31-44.

姬新龙,马宁,2016. 不同风险投资背景对上市公司会计信息披露的影响[J]. 华东经济管理(1):121-128.

贾宁,李丹,2011. 创业投资管理对企业绩效表现的影响[J]. 南开管理评论(1):96-106.

寇祥河,潘岚,丁春乐,2009. 风险投资在中小企业IPO中的功效研究[J]. 证券市场导报(5):19-25.

李平,许家云,2011. 金融市场发展、海归与技术扩散:基于中国海归创办新企业视角的分析[J]. 南开管理评论(2):150-160.

李严,罗国锋,马世美,等,2014. 创业投资机构人力资本对投资绩效的影响探究[J]. 统计与决策(5):176-178.

李严,庄新田,罗国锋,等,2012. 风险投资策略与投资绩效——基于中国风险投资机构的实证研究[J]. 投资研究(11):88-100.

李玉华,葛翔宇,2013. 风险投资参与对创业板企业影响的实证研究[J]. 当代财经(1):75-84.

刘冰,罗超亮,符正平,2016. 风险投资和创业企业总是完美一对吗[J]. 南开管理评论(1):179-192.

柳光强,孔高文,2018. 高管海外经历是否提升了薪酬差距[J]. 管理世界(8):130-142.

刘奎甫,茅宁,2016. 风险投资会提高新创公司的董事会社会资本吗?[J]. 商业经济与管理(10):45-56.

刘青,张超,吕若思,等,2013. "海归"创业经营业绩是否更优:来自中国民营企业的证据[J]. 世界经济(12):70-89.

刘晓明,胡文伟,李湛,2010. 风险投资声誉、IPO折价和长期业绩:一个研究综述[J]. 管理评论,22(11):9-20.

刘子亚,张建平,裘丽,2015. 对赌协议在创业板的实践结果[J]. 技术经济与管理研究(1):98-102.

龙勇,梅德强,常青华,2011. 风险投资对高新技术企业技术联盟策略影响——以吸收能力为中介的实证研究[J]. 科研管理(7):76-84.

罗党论,唐清泉,2009. 政治关系、社会资本与政策资源获取:来自中国民营上市公司的经验证据[J].世界经济(7):84-96.

罗党论,魏翥,2012.政治关联与民营企业避税行为研究——来自中国上市公司的经验证据[J].南方经济(11):29-39.

罗思平,于永达,2012.技术转移、"海归"与企业技术创新——基于中国光伏产业的实证研究[J].管理世界(11):124-132.

马晓维,苏忠秦,曾琰,等,2010.政治关联、企业绩效与企业行为的研究综述[J].管理评论,22(2):3-10.

倪正东,孙力强,2008.中国创业投资退出回报及其影响因素研究[J].中国软科学(4):48-56.

钱苹,张帏,2007.我国创业投资的回报率及其影响因素[J].经济研究(5):78-90.

孙榆婷,杜在超,2016.出国镀金,回国高薪?[J].金融研究(11):174-190.

唐运舒,谈毅,2008.风险投资、IPO时机与经营绩效——来自香港创业板的经验证据[J].系统工程理论与实践(7):17-26.

王瀚轮,蔡莉,2011.风险投资与人力资源获取对新创企业绩效的影响[J].经济纵横(8):104-107.

王会娟,张然,2012.私募股权投资与被投资企业高管薪酬契约——基于公司治理视角的研究[J].管理世界(9):156-167.

王力军,李斌,2016.风险投资提供了增值服务吗?——基于1996~2012年IPO公司的实证研究[J].证券市场导报(5):10-17.

王怡丹,2015.风险投资家背景与公司长期市场价值——基于2007—2011年中小板上市公司数据的经验研究[J].金融理论与教学(5):29-34.

王育晓,2013.风险投资机构间的资源互补与联合投资的形成[J].西安工业大学学报(9):724-730.

魏清,2013.创业投资估值方法浅析[J].经营管理者(8):52.

温军,冯根福,2018.风险投资与企业创新:"增值"与"攫取"的权衡视角[J].经济研究,53(2):185-199.

吴超鹏,吴世农,程静雅,等,2012.风险投资对上市公司投融资行为影响的实证研究[J].经济研究,47(1):105-119,160.

向田田,2015.高科技产业、金融发展与风险投资退出回报[J].时代金融(24):37-38.

徐业坤,钱先航,李维安,2013.政治不确定性、政治关联与民营企业投资——来自市委书记更替的证据[J].管理世界(5):116-130.

许昊,万迪昉,徐晋,2015.风险投资背景、持股比例与初创企业研发投入[J].科学学研究,33(10):1547-1554.

杨其静,杨继东,2010.政治联系、市场力量与工资差异——基于政府补贴的视角[J].中国人民大学学报,24(2):69-77.

杨其静,2011.企业成长:政治关联还是能力建设?[J].经济研究,46(10):54-66,94.

杨青,殷林森,2004.基于期权定价理论的多阶段风险投资决策模型[J].科技进步与对策(5):95-97.

于蔚,汪淼军,金祥荣,2012.政治关联和融资约束:信息效应与资源效应[J].经济研究,47(9):125-139.

余琰,罗炜,李怡宗,等,2014.国有风险投资的投资行为和投资成效[J].经济研究(2):32-46.

张丰,张健,2009.风险投资家背景与创业企业经营绩效关系分析——基于沪深A股的实证研究[J].价值工程(4):146-149.

张丰,2009.创业投资对中小企业板IPO影响的实证研究[J].经济与管理研究(5):10-19.

张敏,张胜,王成方,等,2010.政治关联与信贷资源配置效率——来自我国民营上市公司的经验证据[J].管理世界(11):143-153.

张维迎,2001.企业寻求政府支持的收益,成本分析[J].新西部(8):55-56.

张学勇,廖理,罗远航,2014.券商背景风险投资与公司IPO抑价——基于信息不对称的视角[J].中国工业经济(11):90-101.

张学勇,廖理,2011.风险投资背景与公司IPO:市场表现与内在机理[J].经济研究,46(6):118-132.

张学勇,吴雨玲,郑轶,2016a.我国风险投资机构(VC)的本地偏好研究[J].投资研究,35(6):86-104.

张学勇,张秋月,魏旭,2017.承销商变更对股权再融资的影响:理论与实证[J].管理科学学报,20(9):85-101.

张学勇,张叶青,2016b.风险投资、创新能力与公司IPO的市场表现[J].经济研究,

51(10):112-125.

周莉,盛梦婷,2012. 创业板中创业投资基金的投资效益分析[J]. 中央财经大学学报(1):32-37.

周翔翼,魏宇航,肖晟,2013. 资金流入对私募股权价值的影响——来自中国私募股权市场的证据[J]. 山西财经大学学报(6):42-48,90.

ACHARYA V V, GOTTSCHALG O F, HAHN M, et al, 2013. Corporate governance and value creation: Evidence from private equity [J]. The Review of Financial Studies, 26(2):368-402.

PAUL A S, KWON S W, 2002. Social capital: Prospects for a new concept[J]. Academy of Management Review, 27(1):17-40.

AGRAWAL A, KNOEBER C R, 2001. Do some outside directors play a political role? [J]. Social Science Electronic Publishing, 44(1):179-198.

AGRAWAL A, CHADHA S, 2005. Corporate governance and accounting scandals [J]. Journal of Law and Economics, 48(2):371-406.

AOKI M, 2000. Towards a comparative institutional analysis [M]. Cambridge, Massachusetts:The MIT Press.

ARIKAWA Y, IMAD'EDDINE G, 2010. Venture capital affiliation with underwriters and the underpricing of initial public offerings in Japan [J]. Journal of Economics and Business, 62(6):502-516.

ATANASOV V, IVANOV V, LITVAK K, 2012. Does reputation limit opportunistic behavior in the VC industry? Evidence from litigation against VCs [J]. The Journal of Finance, 67(6):2215-2246.

BAI X, TSANG E, XIA W, 2020. Domestic versus foreign listing: Does a CEO's educational experience matter? [J]. Journal of Business Venturing, 35:1-30.

BARNEY J B, 1986. Strategic factor markets: Expectations, luck and business strategy [J]. Management Science, 32(10):1231-1241.

BARNEY J, 1991. Firm resource and sustained competitive and advantage [J]. Journal of Management, 17(1):99-120.

BARRY C B, MUSCARELLA C J, PEAVY III J W, et al, 1990. The role of venture capital in the creation of public companies: Evidence from the going-public process [J]. Journal of Financial Economics, 27(2): 447-471.

BAUERNSCHUSTER S, FALCK O, HEBLICH S, 2009. Training and innovation [J]. Journal of Human Capital, 3 (4):323-353.

BECKER G S, 1964. Human capital: A theoretical and empirical analysis with special reference to education[M]. Chicago: University of Chicago Press.

BENGTSSON O, HSU D H, 2010. How do venture capital partners match with startup founders? [EB/OL]. (2010-03-11) [2022-03-09]. https://papers.ssrn.com/sol3/papers.cfm? abstract_id=1568131.

BENGTSSON O, SENSOY B A, 2011. Investor abilities and financial contracting: Evidence from venture capital [J]. Journal of Financial Intermediation, 20(4): 477-502.

BIENZ C, HIRSCH J, 2012. The dynamics of venture capital contracts [J]. Review of Finance, 16(1):157-195.

BIERLY P E, DAMANPOUR F, SANTORO M D, 2009. The application of external knowledge: Organizational conditions for exploration and exploitation [J]. Journal of Management Studies, 46(3): 481-509.

BOISOT M H, CHILD J, 1988. The iron law of fiefs: Bureaucratic failure and the problem of governance in the Chinese economic reforms [J]. Administrative Science Quarterly, 33: 507-527.

BOTTAZZI L, RIN M D, HELLMANN T, 2008. Who are the active investors? Evidence from venture capital [J]. Journal of Financial Economics, 89 (3): 488-512.

BOTTAZZI L, DA RIN M, HELLMANN T, 2016. The importance of trust for investment: Evidence from venture capital [J]. The Review of Financial Studies, 29(9):2283-2318.

BOURDIEU P, WACQUANT L J D, 1992. An invitation to reflexive sociology [M]. Oxford: Polity Press.

BRANDER J A, EGAN E J, HELLMANN T F, 2010. Government sponsored versus private venture capital: Canadian evidence [EB/OL]. (2010-05-01) [2022-03-09]. https://www.nber.org/books-and-chapters/international-differences-entrepreneurship/government-sponsored-versus-private-venture-capital-canadian-evidence.

BRAV A, GOMPERS P A, 1997. Myth or reality? The long-run underperformance of initial public offerings: Evidence from venture and nonventure capital-backed companies [J]. The Journal of Finance, 52(5): 1791-1821.

BURT R, 1997. The contingent value of social capital[J]. Administrative Science Quarterly, 42(2): 339-365.

CARTER R, MANASTER S, 1990. Initial public offerings and underwriter reputation [J]. Journal of Finance, 45(4): 1045-1067.

CESTONE G, WHITE L, LERNER J, 2007. The design of syndicates in venture capital [EB/OL]. (2007-03-01) [2022-03-09]. https://papers.ssrn.com/sol3/papers.cfm?abstract_id=967310.

CHAHINE S, FILATOTCHEV I, 2008. The effects of venture capitalist affiliation to underwriters on short- and long-term performance in french IPOs [J]. Global Finance Journal, 18(3): 351-372.

CHAHINE S, FILATOTCHEV I, WRIGHT M, 2007. Venture capitalists, business angels, and performance of entrepreneurial IPOs in the UK and France [J]. Journal of Business Finance and Accounting, 34(3-4): 505-528.

CHEMMANUR T J, LOUTSKINA E, TIAN X, 2014. Corporate venture capital, value creation, and innovation [J]. The Review of Financial Studies, 27(8): 2434-2473.

CHEMMANUR T J, KRISHNAN K, NANDY D K, 2011. How does venture capital financing improve efficiency in private firms? A look beneath the surface [J]. The Review of Financial Studies, 24(12):4037-4090.

CHEN H, GOMPERS P, KOVNER A, et al, 2010. Buy local? The geography of venture capital [J]. Journal of Urban Economics, 67(1): 90-102.

COLEMAN J S, 1988. Social capital in the creation of human capital[J]. The

American Journal of Sociology, 94:95-120.

CONNER K R, 1991. A historical comparison of resource-based theory and five schools of thought within industrial organization economics: Do we have a new theory of the firms? [J]. Journal of Management, 17(1):121-154.

CUSTÓDIO C, METZGER D, 2014. Financial expert CEOs: CEO's work experience and firm's financial policies [J]. Journal of Financial Economics, 114 (1):125-154.

DAI N, JO H, KASSICIEH S, 2012. Cross-border venture capital investments in Asia: Selection and exit performance[J]. Journal of Business Venturing, 27(6): 666-684.

DAI N, NAHATA R, 2016. Cultural differences and cross-border venture capital syndication[J]. Journal of International Business Studies, 47(2): 140-169.

DAI O, LIU X, 2009. Returnee entrepreneurs and firm performance in Chinese high-technology industries[J]. International Business Review, 18(4): 373-386.

DE BETTIGNIES J E, BRANDER J A, 2007. Financing entrepreneurship: Bank finance versus venture capital [J]. Journal of Business Venturing, 22(6): 808-832.

DEFOND M, HANN R, HU X, 2005. Does the market value financial expertise on audit committees of boards of directors? [J]. Journal of Accounting Research, 43 (2):153-193.

DIERICKX I, COOL K, 1989. Asset stock accumulation and sustainability of competitive advantage [J]. Management Science, 35(12): 1504-1511.

DIMOV D P, SHEPHERD D A, 2005. Human capital theory and venture capital firms: Exploring "home runs" and "strike outs" [J]. Journal of Business Venturing, 20(1):1-21.

DIMOV D, SHEPHERD D A, SUTCLIFFE K M, 2007. Requisite expertise, firm reputation, and status in venture capital investment allocation decisions [J]. Journal of Business Venturing, 22(4): 481-502.

DOUGLAS S P, WIND Y, 1987. The myth of globalization[J]. The Columbia

Journal of World Business, 22(4):19-29.

DU CHARME L L, MALATESTA P H, SEFCIK S E, 2004. Earnings management, stock issues, and shareholder lawsuits [J]. Journal of Financial Economics, 71(1): 27-49.

DU J, LU Y, TAO Z, 2012. Institutions and FDI location choice: The role of cultural distances[J]. Journal of Asian Economics, 23(3):210-223.

DUSHNITSKY G, SHAVER J M, 2010. Limitations to interorganizational knowledge acquisition: The paradox of corporate venture capital [J]. Strategic Management Journal, 30(10): 1045-1064.

EASTERBROOK F H, 1984. Two agency-cost explanations of dividends [J]. American Economic Review, 74(4):650-659.

ELSTON J A, YANG J J, 2010. Venture capital, ownership structure, accounting standards and IPO underpricing: Evidence from Germany [J]. Journal of Economics & Business, 62(6): 517-536.

EPSTEIN E M, 1980. Business political activity: Research approaches and analytical issues [J]. Research in Corporation Social Performance and Policy(2): 1-55.

ESPENLAUB S, KHURSHED A, MOHAMED A, 2015. Venture capital exits in domestic and cross-border investments[J]. Journal of Banking and Finance, 53(4): 215-232.

EWENS M, RHODES-KROPF M, 2015. Is a VC partnership greater than the sum of its partners? [J]. Journal of Finance, 70(3): 1081-1113.

FACCIO M, PARSLEY D C, 2006. Sudden deaths: Taking stock of political connections [EB/OL]. (2006-04-27) [2022-03-09]. https://papers.ssrn.com/sol3/papers.cfm? abstract_id=899378.

FACCIO M, 2006. Politically connected firms[J]. American Economic Review, 96(1):369-386.

FANG L, IVASHINA V, LERNER J, 2013. Combining banking with private equity investing [J]. The Review of Financial Studies, 26 (9): 2139-2173.

FERGUSON T, VOTH H J, 2008. Betting on hitler—The value of political connections in Nazi Germany [J]. The Quarterly Journal of Economics, 123(1): 1-137.

FERNHABER S, MCDOUGALL-COVIN P, 2009. Venture capitalists as catalysts to new venture internationalization: The impact of their knowledge and reputation resources[J]. Entrepreneurship Theory and Practice, 33(1): 277-295.

FILATOTCHEV I, LIU X, BUCK T, et al, 2009. The export orientation and export performance of high-technology SMEs in emerging markets: The effects of knowledge transfer by returnee entrepreneurs [J]. Journal of International Business Studies, 40(6):1005-1021.

FILATOTCHEV I, LIU X, LU J, et al, 2011. Knowledge spillovers through human mobility across national borders: Evidence from Zhongguancun Science Park in China[J]. Research Policy, 40(3):453-462.

FISMAN R, 2001. Estimating the value of political connections [J]. American Economic Review, 91(4):1095-1102.

FLORIDA R L, KENNEY M, 1988. Venture capital-financed innovation and technological change in the USA [J]. Research Policy, 17(3): 119-137.

FRACASSI C, 2016. Corporate finance policies and social networks [J]. Management Science, 63 (8):2420-2438.

FRANCIS B B, HASAN I, 2001. The underpricing of venture and nonventure capital IPOs: An empirical investigation [J]. Journal of Financial Services Research, 19(2-3): 99-113.

FRANKE N, GRUBER M, HARHOFF D, et al, 2006. What you are is what you like—similarity biases in venture capitalists' evaluations of start-up teams [J]. Journal of Business Venturing, 21(6): 802-826.

FRANKE N, GRUBER M, HARHOFF D, et al, 2008. Venture capitalists' evaluations of start-up teams: Trade-offs, knock-out criteria, and the impact of VC experience[J]. Entrepreneurship Theory and Practice, 32(3): 459-483.

FRIED V H, BRUTON G D, HISRICH R D, 1998. Strategy and the board of directors in venture capital-backed firms[J]. Journal of Business Venturing, 13(6):493-503.

FULGHIERI P, SEVILIR M, 2009. Organization and financing of innovation, and the choice between corporate and independent venture capital [J]. Journal of Financial and Quantitative Analysis, 44(6): 1291-1321.

GANS J S, HSU D H, STERN S, 2002. When does start-up innovation spur the gale of creative destruction? [J]. Rand Journal of Economics, 33(4): 571-586.

GIANNETTI M, LIAO G, YU X, 2015. The brain gain of corporate boards: Evidence from China [J]. Journal of Finance, 70(4):1629-1682.

GOMPERS P, LERNER J, 1999. Conflict of interest in the issuance of public securities: Evidence from venture capital [J]. Journal of Law & Economics, 42(1): 1-28.

GOMPERS P A, 1995. Optimal investment, monitoring, and the staging of venture capital [J]. The Journal of Finance, 50(5): 1461-1489.

GOMPERS P A, 1996. Grandstanding in the venture capital industry [J]. Journal of Financial Economics, 42(1): 133-156.

GOMPERS P, LERNER J, 1998. Venture capital distributions: Short-run and long-run reactions [J]. The Journal of Finance, 53(6): 2161-2183.

GOMPERS P, LERNER J, 2000. Money chasing deals? The impact of fund inflows on private equity valuation [J]. Journal of Financial Economics, 55(2): 281-325.

GOMPERS P, LERNER J, 2000. The determinants of corporate venture capital success: Organizational structure, incentives, and complementarities [EB/OL]. (2000-01-01) [2022-03-09]. https://www.nber.org/system/files/chapters/c9004/c9004.pdf.

GOMPERS P, KOVNER A, LERNER J, 2009. Specialization and success: Evidence from venture capital[J]. Journal of Economics & Management Strategy, 18(3): 817-844.

GORMAN M, SAHLMAN W A, 1989. What do venture capitalists do? [J]. Journal of Business Venturing, 4(4): 231-248.

GRANOVETTER M, 1985. Economic action and social structure: The problem of embeddedness [J]. American Journal of Sociology, 91(3):481-510.

GRANT R M, 1991. Porter's competitive advantage of nationals: An assessment [J]. Strategic Management Journal, 12(7): 535-548.

GRILICHES Z, 1992. A note from the president-elect [J]. Journal of Economic Perspectives, 6(4):3-5.

GÜNER A B, MALMENDIER U, TATE G, 2008. Financial expertise of directors [J]. Journal of Financial Economics, 88(2):323-354.

GUO B, LOU Y, PÉREZ-CASTRILLO D, 2015. Investment, duration, and exit strategies for corporate and independent venture capital-backed start-ups [J]. Journal of Economics & Management Strategy, 24(2): 415-455.

GUO R J, LEV B, ZHOU N, 2004. Competitive costs of disclosure by biotech IPOs [J]. Journal of Accounting Research, 42(2): 319-355.

HAMAO Y, PACKER F, RITTER J, 2000. Institutional affiliation and the role of venture capital: Evidence from initial public offerings in Japan [J]. Pacific-Basin Finance Journal, 8(5):529-558.

HAMBRICK D C, MASON P A, 1984. Upper echelons: The organization as a reflection of its top managers [J]. Academy of Management Review, 9(2): 193-206.

HELLMANN T, LINDSEY L, Puri M, 2008. Building relationships early: Banks in venture capital [J]. The Review of Financial Studies, 21(2): 513-541.

HELLMANN T, PURI M, 2002. Venture capital and the professionalization of start-up firms: Empirical evidence [J]. Journal of Finance, 57(1): 169-197.

HELLMANN T, PURI M, 2000. The interaction between product market and financing strategy: The role of venture capital [J]. Review of Financial Studies, 13 (4): 959-984.

HOCHBERG Y V, LJUNGQVIST A, LU Y, 2007. Whom you know matters: Venture capital networks and investment performance [J]. Journal of Finance, 62 (1): 251-301.

HOCHBERG Y V, LJUNGQVIST A, VISSING-JØRGENSEN A, 2014. Informational holdup and performance persistence in venture capital [J]. The Review of Financial Studies, 27(1): 102-152.

HOCHBERG Y V, 2012. Venture capital and corporate governance in the newly public firm[J]. Review of Finance, 16(2): 429-480.

HOCHBERG Y V, LINDSEY L A, WESTERFIELD M M, 2011. Economic ties: Evidence from venture capital networks [EB/OL]. (2011-05-25) [2022-03-09]. http://citeseerx.ist.psu.edu/viewdoc/download;jsessionid=0414AF4D378D597F1810D80C58531B35?doi=10.1.1.224.6165&rep=rep1&type=pdf.

HOCHBERG Y V, LJUNGQVIST A, LU Y, 2007. Whom you know matters: Venture capital networks and investment performance [J]. The Journal of Finance, 62(1): 251-301.

HOCHBERG Y V, LJUNGQVIST A, LU Y, 2010. Networking as a barrier to entry and the competitive supply of venture capital [J]. The Journal of Finance, 65(3): 829-859.

HSU D H, 2006. Venture capitalists and cooperative start-up commercialization strategy [J]. Management Science, 52(2): 204-219.

HUMPHERY-JENNER M, SUCHARD J A, 2013. Foreign VCs and venture success: Evidence from China [J]. Journal of Corporate Finance, 21(2): 16-35.

IVANOV V I, XIE F, 2010. Do corporate venture capitalists add value to start-up firms? Evidence from IPOs and acquisitions of VC-backed companies [J]. Financial Management, 39(1): 129-152.

JAIN B A, KINI O, 1995. Venture capitalist participation and the post-issue operating performance of IPO firms [J]. Managerial and Decision Economics, 16(6): 593-606.

JAMES C, WIER P, 1990. Borrowing relationships, intermediation, and the cost of issuing public securities [J]. Journal of Financial Economics, 28(1): 149-171.

JAMES C, 1987. Some evidence on the uniqueness of bank loans [J]. Journal of Financial Economics, 19(2): 217-235.

参考文献

JSKELINEN M, 2009. Network resources of venture capitalists: The effects of resource leverage and status on partner exploration of venture capital firms [EB/OL]. (2009-03-02) [2022-03-09]. http://citeseerx. ist. psu. edu/viewdoc/download; jsessionid = 17C12102130522FEEB0F1F1FBF69A2D7? doi = 10. 1. 1. 493. 8705&rep = rep1&type = pdf.

KALEV P S, NGUYEN A H, OH N Y, 2008. Foreign versus local investors: Who knows more? Who makes more? [J]. Journal of Banking and Finance, 32(11): 2376-2389.

KAPLAN S N, SCHOAR A, 2005. Private equity performance: Returns, persistence, and capital flows [J]. Journal of Finance, 60(4): 1791-1823.

KAPLAN S N, STROMBERG P, 2001. Venture capitalists as principals: Contracting, screening, and monitoring [EB/OL]. (2001-04-01) [2022-03-09]. https://www. nber. org/papers/w8202.

KAPLAN S N, MARTEL F, STRÖMBERG P, 2007. How do legal differences and experience affect financial contracts? [J]. Journal of Financial Intermediation, 16 (3): 273-311.

KAPLAN S N, SENSOY B A, STRÖMBERG P, 2009. Should investors bet on the jockey or the horse? Evidence from the evolution of firms from early business plans to public companies[J]. The Journal of Finance, 64(1): 75-115.

KARRA N, PHILLIPS N, TRACEY P, 2008. Building the born global firm: Developing entrepreneurial capabilities for international new venture success [J]. Long Range Planning, 41(4):440-458.

KENNEY M, BREZNITZ D, MURPHREE M, 2013. Coming back home after the sun rises: Returnee entrepreneurs and growth of high tech industries [J]. Research Policy, 42(2):391-407.

KIRKMAN B L, LOWE K B, GIBSON C B, 2006. A quarter century of culture's consequences: A review of empirical research incorporating Hofstede's cultural values framework[J]. Journal of International Business Studies, 37(3):285-320.

KORTEWEG A, NAGEL S, 2016. Risk-adjusting the returns to venture capital

[J]. The Journal of Finance, 71(3):1437-1470.

LEE P M, WAHAL S, 2004. Grandstanding, certification and the underpricing of venture capital backed IPOs [J]. Journal of Financial Economics, 73(2): 375-407.

LERNER J, 1995. Venture capitalists and the oversight of private firms [J]. Journal of Finance, 50(1): 301-318.

LI H, ATUAHENE-GIMA K, 2001. Product innovation strategy and the performance of new technology ventures in China[J]. Academy of Management Journal, 44(6): 1123-1134.

LI H, ATUAHENE-GIMA K, 2002. The adoption of agency business activity, product innovation, and performance in Chinese technology ventures[J]. Strategic Management Journal, 23(6):469-490.

LI H, ZHANG Y, LI Y, et al, 2012. Returnees versus locals: Who perform better in China's technology entrepreneurship? [J]. Strategic Entrepreneurship Journal, 6(3): 257-272.

LI H, ZHANG Y, 2007. The role of managers' political networking and functional experience in new venture performance: Evidence from China's transition economy[J]. Strategic Management Journal, 28(8): 791-804.

LI Y, VERTINSKY I B, LI J, 2014. National distances, international experience, and venture capital investment performance[J]. Journal of Business Venturing, 29(4):471-489.

LI Y, ZHAO Y, TAN J, et al, 2008. Moderating effects of entrepreneurial orientation on market orientation-performance linkage: Evidence from Chinese small firms[J]. Journal of Small Business Management, 46(1):113-133.

LIN T H, SMITH R L, 1998. Insider reputation and selling decisions: The unwinding of venture capital investments during equity IPOs [J]. Journal of Corporate Finance, 4(3): 241-263.

LIN T H, 1996. The certification role of large block shareholders in initial public offerings: The case of venture capitalists [J]. Quarterly Journal of Business & Economics, 35(2): 55-65.

LIU X, LU J, FILATOTCHEV I, et al, 2010. Returnee entrepreneurs, knowledge spillovers and innovation in high-tech firms in emerging economies[J]. Journal of International Business Studies, 41(7): 1183-1197.

LUCAS R E, 1988. On the mechanics of economic development[J]. Journal of Monetary Economics, 22(1):3-42.

MANIGART S, DE WAELE K, WRIGHT M, et al, 2002. Determinants of required return in venture capital investments: A five-country study[J]. Journal of Business Venturing, 17(4): 291-312.

MARITAN C A, PETERAF M A, 2011. Invited editorial: Building a bridge between resource acquisition and resource accumulation [J]. Journal of Management, 37(5): 1374-1389.

MARSHALL A, 1986. Principles of economics [M]. New York: Palgrave Macmillan.

MASON C, HARRISON R, 2002. Is it worth it? The rates of return from informal venture capital investments[J]. Journal of Business Venturing, 17(3) : 211-236.

MAYER C, SCHOORS K, YAFEH Y, 2005. Sources of funds and investment activities of venture capital funds: Evidence from Germany, Israel, Japan and the United Kingdom [J]. Journal of Corporate Finance, 11(3): 586-608.

MÄKELÄ M, MAULA M, 2005. Cross-border venture capital and new venture internationalization: An isomorphism perspective[J]. Venture Capital, 7(3): 227-257.

MÄKELÄ M, MAULA M, 2006. Interorganizational commitment in syndicated cross-border venture capital investments [J]. Entrepreneurship Theory and Practice, 3: 273-298.

MCDOUGALL P, SHANE S, OVIATT B, 1994. Explaining the formation of international new ventures: The limits of theories from international business research[J]. Journal of Business Venturing, 9(6):469-487.

MEGGINSON W L, WEISS K A, 1991. Venture capitalist certification in IPOs [J]. Venture Capital, 7(2): 131-148.

MEULEMAN M, WRIGHT M, MANIGART S, et al, 2009. Private equity syndication: Agency costs, reputation and collaboration[J]. Journal of Business Finance & Accounting, 36(5-6): 616-644.

MILL J S, 1901. The principles of political economy[M]. Cambridge: Macmillan and Co..

MINCER J, 1958. Investment in human capital and personal income distribution[J]. Journal of Political Economy, 66: 281.

MORSFIELD S G, TAN C E L, 2006. Do venture capitalists influence the decision to manage earnings in initial public offerings? [J]. Accounting Review, 81(5): 1119-1150.

NAHATA R, 2008. Venture capital reputation and investment performance [J]. Journal of Financial Economics, 90(2):127-151.

NAHATA R, HAZARIKA S, TANDON K, 2009. Success in global venture capital investing: Do institutional and cultural differences matter? [J]. Journal of Financial and Quantitative Analysis, 49(4):312-3473.

PARK S, LUO Y, 2001. Guanxi and organizational dynamics: Organizational networking in Chinese firms[J]. Strategic Management Journal, 22(5): 455-477.

PATZELT H, ZU KNYPHAUSEN-AUFSE D, FISCHER H T, 2009. Upper echelons and portfolio strategies of venture capital firms[J]. Journal of Business Venturing, 24(6): 558-572.

PENG M, LUO Y, 2000. Managerial ties and firm performance in a transition economy: The nature of a micro-macro link[J]. Academy of Management Journal, 43(3): 486-501.

PENROSE E T, 1959. The theory of the growth of the firm [M]. New York: John Wiley.

PFEFFER J, SALANCIK G R, 1978. The external control of organizations: A resource dependence perspective [M]. New York: Harper & Row.

PORTES A, 1995. The economic sociology of immigration[M]. New York: Russell Sage Foundation.

PRUTHI S, WRIGHT M, LOCKETT A, 2003. Do foreign and domestic venture capital firms differ in their monitoring of investees? [J]. Asia Pacific Journal of Management, 20(2):175-204.

PUKTHUANTHONG K, WALKER T, 2007. Venture capital in China: A culture shock for Western investors[J]. Management Decision, 45:708-731.

PURI M, 1999. Commercial banks as underwriters: Implications for the going public process [J]. Journal of Financial Economics, 54(2): 133-163.

PYE L, 1982. Chinese commercial negotiating style[M]. Santa Monica: Rand Corporation.

QUE J, ZHANG X, 2018. The role of foreign and domestic venture capital in innovation: Evidence from China[J]. Accounting and Finance, 9:1-24.

RINDERMANN G, 2004. The performance of venture-backed IPOs on Europe's new stock markets: Evidence from France, Germany and the UK[C]//The rise and fall of Europe's new stock markets. Bradford: Emerald Group Publishing Limited: 231-294.

ROMER P M, 1986. Increasing returns and long-run growth[J]. Journal of Political Economy, 94(5):1002-1037.

ROODMAN D, 2011. Fitting fully observed recursive mixed-process models with CMP[J]. The Stata Journal, 11(2):159-206.

ROWLEY T, BEHRENS D, KRACKHARDT D, 2000. Redundant governance structures: An analysis of structural and relational embeddedness in the steel and semiconductor industries [J]. Strategic Management Journal, 21(3):369-386.

SAHLMAN W, 2010. Risk and reward in venture capital [EB/OL]. (2010-12-03) [2022-03-09]. https://papers.ssrn.com/sol3/papers.cfm?abstract_id=1991934.

SAHLMAN W A, 1990. The structure and governance of venture-capital organizations[J]. Journal of Financial Economics, 27(2): 473-521.

SAPIENZA H J, AUDREY KORSGAARD M, GOULET P K, et al, 2000. Effects of agency risks and procedural justice on board processes in venture capital-backed firms[J]. Entrepreneurship & Regional Development, 12(4): 331-351.

SCHENONE C, 2004. The effect of banking relationships on the firm's IPO underpricing [J]. Journal of Finance, 59(6): 2903-2958.

SCHMIDT K M, 2003. Convertible securities and venture capital finance[J]. The Journal of Finance, 58(3): 1139-1166.

SCHULTZ T W, 1971. Investment in human capital[M]. New York: Free Press.

SELZNICK P, 1957. Leadership in administration [M]. London: University of California Press Ltd. .

SHENG S, ZHOU K, LI J, 2011. The effects of business and political ties on firm performance: Evidence from China[J]. Journal of Marketing, 75(1): 1-15.

SMITH A, 2004. The Wealth of Nations[M]. New York: Penguin Random House.

STROTHER S C, 2014. The consumer market in new China[J]. Journal of Global Business Issues, 8(2): 9-17.

SHAFFER B, 1995. Firm-level responses to government regulation: Theoretical and research approaches [J]. Journal of Management, 21(3):495-514.

SHANE S, STUART T, 2002. Organizational endowments and the performance of university start-ups [J]. Management Science, 48(1): 154-170.

SHEPHERD D A, ZACHARAKIS A, BARON R A, 2003. VCs' decision processes: Evidence suggesting more experience may not always be better[J]. Journal of Business Venturing, 18(3): 381-401.

SØRENSEN M, 2007. How smart is smart money? A two-sided matching model of venture capital [J]. Journal of Finance, 62(6): 2725-2762.

SORENSON O, STUART T E, 2001. Syndication networks and the spatial distribution of venture capital investments [J]. American Journal of Sociology, 106(6): 1546-1588.

SUCHARD J A, 2009. The impact of venture capital backing on the corporate governance of Australian initial public offerings [J]. Journal of Banking & Finance, 33(4): 765-774.

SZELENYI I, MANCHIN R, 1987. Social policy under state socialism: Market, redistribution, and social inequalities in east European socialist societies[C]// Stagnation and renewal in social policy: the rise and fall of policy regime. New York: M. E. Sharpe:102-139.

TEOH S H, WELCH I, WONG T J, 1998. Earnings management and the long-run market performance of initial public offerings[J]. The Journal of Finance, 53(6): 1935-1974.

TIAN X, WANG T Y, 2014. Tolerance for failure and corporate innovation [J]. The Review of Financial Studies, 27(1): 211-255.

TIAN X, 2011. The causes and consequences of venture capital stage financing [J]. Journal of Financial Economics, 101(1): 132-159.

TIAN X, 2012. The role of venture capital syndication in value creation for entrepreneurial firms [J]. Review of Finance, 16(1): 245-283.

TRAPIDO D, 2007. Competitive embeddedness and the emergence of interfirm cooperation [J]. Social Forces, 86(1):165-191.

UEDA M, 2004. Banks versus venture capital: Project evaluation, screening, and expropriation [J]. The Journal of Finance, 59(2): 601-621.

UENO S, SEKARAN U, 1992. The influence of culture on budget control practices in the USA and Japan: An empirical study [J]. Journal of International Business Studies, 23(4):659-674.

ULRICH D, BARNEY J B, 1984. Perspectives in organizations: Resource dependence, efficiency, and population [J]. Academy of Management Review, 9(3):471-481.

WANG C K, WANG K, LU Q, 2003. Effects of venture capitalists' participation in listed companies [J]. Journal of Banking & Finance, 27(10): 2015-2034.

WANG P, 2017. Syndication and foreignness: Venture capital investments in emerging and developed markets [J]. Journal of International Management, 23(1):1-15.

WERNERFELT B, 1984. A resource-based view of the firm [J]. Strategic Management Journal, 5(2): 171-180.

WESTHEAD P, WRIGHT M, 1998. Novice, portfolio, and serial founders: Are they different? [J]. Journal of Business Venturing, 13(3):173-204.

YUAN R, WEN W, 2018. Managerial foreign experience and corporate innovation [J]. Journal of Corporate Finance, 48:752-770.

ZACHARAKIS A L, SHEPHERD D A, 2001. The nature of information and overconfidence on venture capitalists' decision making [J]. Journal of Business Venturing, 16(4): 311-332.

ZARUTSKIE R, 2010. The role of top management team human capital in venture capital markets: Evidence from first-time funds [J]. Journal of Business Venturing, 25(1): 155-172.

ZHANG Y, LI H, 2010. Innovation search of new ventures in a technology cluster: The role of ties with service intermediaries[J]. Strategic Management Journal, 31(1):88-109.

ZHAO L, JIN S, 2016. China's dilemma of cross-border e-commerce company: Take Amazon China as an example[R]. Chongqing: International Seminar on Education Innovation and Economic Management(SEIEM 2016).

ZWEIG D, 2006. Competing for talent: China's strategies to reverse the brain drain [J]. International Labour Review, 145: 65-89.

附录1 变量定义

变量名称	变量描述
（1）被解释变量	
IPO	企业虚拟变量，企业是否IPO（投资能否以IPO方式退出）。涉及所有企业
IPO_native	企业虚拟变量，企业是否在沪、深市场IPO。涉及所有企业
IPO_oversea	企业虚拟变量，企业是否在海外IPO。涉及所有企业
Duration	项目变量，本次投资距离该企业接受下轮VC的时间间隔（月），加1取对数
Loan	项目变量，IPO退出前企业借款总和比总资产，加1取对数
Debt	项目变量，IPO退出前企业借款与应付债券之和比总资产，加1取对数
IPORate	个人变量，截至2012年年底，风险投资家以IPO方式退出的项目比率，加1取对数
Underwriter	企业虚拟变量，企业IPO时雇佣的承销商是否为高声誉承销商。高声誉承销商是指当年的市场份额排名为前10%的承销商，如有多个主承销商，以市场份额最高的为准。仅涉及沪深上市企业
Underpricing1	企业变量，企业IPO抑价率，加1取对数。仅涉及沪深上市企业
Underpricing2	企业变量，调整后的企业IPO抑价率（原始抑价率减去发行公告日至IPO首日上证综指的涨跌率），加1取对数。仅涉及沪深上市企业
（2）解释变量	
Finance	个人变量，风险投资家职业背景。虚拟变量，1代表"仅具有金融背景"，0代表"仅具有实业背景"
Government	个人变量，风险投资家政治背景。虚拟变量，1代表"具有政治背景"，反之则为0
Oversea	个人变量，风险投资家海外背景。虚拟变量，1代表"具有海外背景"，反之则为0
Gender	个人变量，风险投资家的性别。虚拟变量，1代表"男"，0代表"女"

续 表

变量名称	变量描述
Edu	个人虚拟变量,风险投资家学历。为"大专及以下"时,$Edu1=1$;为"本科"时,$Edu2=1$;为"硕士"时,$Edu3=1$;为"博士"时,$Edu4=1$
$VClist\_avgSize$	个人变量,截至2012年年底,风险投资家平均投资规模(百万元),加1取对数
$VClist\_Stage$	个人变量,截至2012年年底,风险投资家投资早期或发展期企业的项目比例
$VClist\_Local$	个人变量,截至2012年年底,风险投资家投资本地企业的项目比例
$VClist\_Syndicate$	个人变量,截至2012年年底,风险投资家进行联合投资的项目比例
$VClist\_Multistage$	个人变量,截至2012年年底,风险投资家进行多阶段投资的项目比例
$VClist\_Leader$	个人变量,截至2012年年底,风险投资家担任领投者的项目比例
$VClist\_Industry$	个人变量,截至2012年年底,风险投资家投资创新(新能源、生物技术、医疗、IT和新媒体)企业的项目比例
$VC\_Chinese$	VC机构的性质,1代表中资
$VC\_Foreign$	VC机构的性质,1代表外资
VC_Mix	VC机构的性质,1代表中外合资
$Stage$	项目虚拟变量,被投资企业发展阶段。1代表企业处于早期或发展期,0代表企业处于扩张期或获利期
$Local$	项目虚拟变量,是否属于本地投资。1代表风险投资家与企业处于同一省份,反之为0
$Syndicate$	项目虚拟变量,是否属于联合投资
$Multistage$	项目虚拟变量,是否属于多阶段投资
$SyndicateLeader$	项目虚拟变量,是否属于领投者。非联合投资的投资人均被当作领投者处理
$Amount$	项目变量,本次投资金额(百万元),加1取对数。该数据缺失较多
$City$	企业虚拟变量,1代表企业位于北京、广东、上海、浙江、江苏五地,否则为0
$Industry$	企业虚拟变量,企业是否属于创新型行业。涉及所有企业
$Comp\_Age$	企业变量,截至企业上市,企业成立时间(月),加1取对数。仅涉及沪深上市企业
$Market$	企业变量,企业IPO前两个月内沪深两市IPO数量。仅涉及沪深上市企业
ROE	企业变量,企业IPO前一年年末平均净资产收益率,加1取对数。仅涉及沪深上市企业
$Leverage$	企业变量,企业IPO前一年资产负债率(%)
$TobinQ$	企业变量,企业IPO市值与账面价值比率(%)
$MarketValue$	企业变量,企业IPO后的市值

附录2 中国与其他国家之间的文化距离

国家	CD_4	CD_6
Singapore	7.262 9	6.613 0
India	7.878 0	8.050 2
Malaysia	7.516 6	10.796 8
Korea South	16.120 6	10.992 8
Germany	18.471 3	12.648 9
Thailand	12.339 0	12.903 5
Japan	19.424 5	13.295 9
Italy	19.488 8	13.730 0
Spain	18.031 2	14.123 1
Switzerland	18.062 4	14.152 5
France	20.015 6	14.495 0
Belgium	21.636 2	15.466 9
Great Britain	20.632 2	16.849 4
Canada	19.041 1	17.024 9
Netherlands	23.180 0	17.485 1
Mexico	13.261 8	18.437 0
Norway	23.138 2	18.525 2
U.S.A.	20.786 1	18.778 4
Sweden	23.350 6	18.880 3
New Zealand	21.316 1	18.891 4
Australia	21.109 8	19.579 2

注:根据 Hofstede 指数解释,最早的公开版本指数(VSM 82)涵盖了四个维度:权力距离指数(Power Distance Index, PDI)、个人主义指数(Individualism Index, IDV)、男子气概指数(Masculinity Index, MAS)和不确定性规避指数(Uncertainty Avoidance Index, UAI)。相较而言,后来产生的六维指数增加了两个维度:长期导向指数(Long Term Orientation Index, LTO)和放纵与约束指数(Indulgence versus Restraint Index, IVR)。在本书的分析中,采用四维指标构建 CD_4,采用六维指标构建 CD_6。